Lb 48
235

LE CRI

DE LA VÉRITÉ,

SUR LES CAUSES

DE LA RÉVOLUTION

DE 1815.

PAR M. FENOUILLOT,

CONSEILLER A LA COUR ROYALE DE BESANÇON.

A BESANÇON,

Chez PETIT, Libraire, Grand'-rue, vis-à-vis la rue Baron.

Septembre 1815.

AVERTISSEMENT.

Cet écrit, fruit d'un dévouement sans bornes, a pour unique but de présenter, dans un cadre resserré, les principes des factieux français, les ressorts qu'ils ont fait mouvoir pour opérer la révolution qui a repoussé momentanément du royaume le souverain légitime, et les dangers pour l'existence de la France et la sûreté de l'Europe, de laisser subsister le règne de ces affreux sectaires

Lorsque le feu, qu'on s'efforce d'éteindre où il a fait explosion, couve encore sous la cendre, dans mille endroits de la France et de l'Europe, ce n'est pas sans doute le moment de faire des discours académiques sur l'épouvantable évènement qui, dans vingt - quatre heures, a changé la situation de toutes les puissances; c'est le cas de dire la vérité toute entière iv

à ceux qui s'intéressent au sort de la civilisation européenne ; car ce n'est qu'autant que l'on connaît la profondeur de la plaie et les parties gangrenées, qu'il est possible de juger avec sûreté de l'opération qui devient nécessaire pour l'entière guérison du malade (1).

(1) On m'opposera, je le sais, que les faits dont je parle dans la première partie, sont connus.

Je réponds 1° qu'il est essentiel de faire dans ce moment un rapprochement des vérités dont les sectaires s'efforcent de détourner l'attention; 2° que les deux tiers de la France qui gémissent sur la révolution de 1815, élevés sous le règne de la secte impie, les ignorent; 3° que ce rapprochement devenait indispensable pour apprécier à leur juste valeur les causes particulières de la révolution de 1815, et faire juger des moyens convenables pour parer d'une manière sûre à de nouveaux bouleversemens.

LE CRI DE LA VÉRITÉ,

SUR LES CAUSES

DE LA RÉVOLUTION DE 1815.

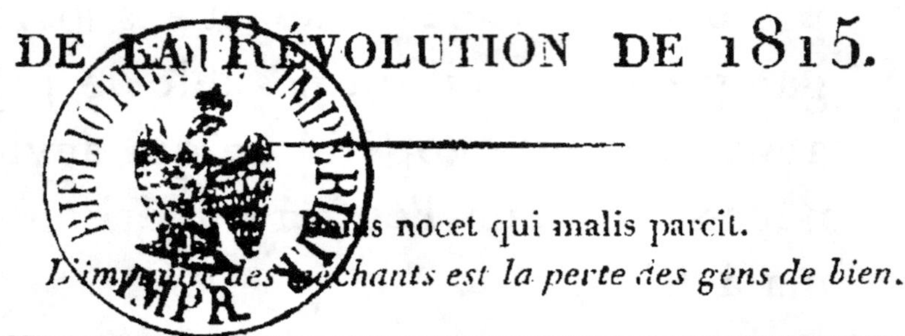

.... nocet qui malis parcit.

L'impunité des méchants est la perte des gens de bien.

PREMIÈRE PARTIE.

Sur les Causes de la Révolution de 1789, qui ont formé la première base de celle de 1815.

La révolution du mois de mars 1815, on ne peut en douter, est la sœur de celle de 1789; elle a eu les mêmes pères, les mêmes instituteurs, les mêmes partisans; dirigée par des mains exercées depuis long-temps à tous les genres de scélératesse et d'intrigue, l'observateur attentif a pu voir que tout avait été prévu, conduit, préparé avec art, et que les fils de l'insurrection, disséminés dans les départemens

A 3

pour y tenir attentifs aux évènemens les chefs jacobins des anciens clubs, d'un autre côté, se trouvaient réunis et concentrés à Paris, dans les mains des souverains de cette affreuse montagne qui, en 1793, faisait égorger par jour soixante à quatre-vingts victimes dont la fortune seule faisait le crime, mais dont les biens confisqués venaient, suivant leur bon plaisir, augmenter le colosse de leur épouvantable fortune.

La révolution du mois de mars 1815 a eu, à la vérité, des causes qui lui sont particulières; mais, comme elles se rattachent à celles qui ont produit la révolution de 1789, il est dans l'ordre d'observer d'abord le principal avant l'accessoire, et lorsqu'ensuite on verra les causes particulières réunies aux causes principales, on cessera d'être étonné de l'explosion électrique du bouleversement de 1815.

Il fut reconnu dans le conseil des sept grands de la Perse, lorsqu'il fut question de rétablir le gouvernement après la mort de Cambyse (1),

« Que la monarchie était le gouvernement
» le plus naturel et le plus sage, puisque les
» séditions de l'aristocratie et la corruption de

______

(1) Voyez Hérodote.

» la démocratie forcent également les hommes
» à revenir à l'unité d'une puissance suprême
» qui (suivant Barbeyrac) dérive de la puis-
» sance de Dieu, qui, étant souverainement
» bon et souverainement juste, exige par-là de
» l'homme une obéissance parfaite au monarque
» qu'il lui a donné, et qui est sur la terre son
» lieutenant pour la distribution de ses bien—
» faits. »

Si, à la souveraine puissance de laquelle chacun dépend, se réunit une souveraine sagesse qui dirige son pouvoir, et une souveraine bonté qui l'anime, il ne reste plus rien alors à désirer pour établir, d'un côté, l'autorité la plus éminente, et de l'autre, la subordination la plus entière.

Par rapport au souverain, le but de la loi est la satisfaction et la gloire qui lui reviennent quand il peut remplir les vues qu'il se propose pour la conservation et le bonheur de ses peuples.

Relativement aux sujets, le but est qu'ils conforment leurs actions au prescrit de la loi, et que par cette soumission ils obtiennent leur bonheur; car les lois ne sont faites que pour obliger les sujets à agir suivant leurs véritables intérêts, et si le souverain emploie la force, c'est pour ramener à la raison ceux qui s'égarent, et contre leur propre bien, et contre celui de la société (1).

La religion, en nous apprenant que les souverains du monde sont les lieutenans de Dieu sur la terre, lie en quelque sorte par-là leurs trônes à celui de l'éternel, et cette vérité, en pénétrant les peuples des sentimens de respect, d'amour, d'obéissance, de fidélité, qu'ils doivent au représentant de Dieu, augmente d'un autre côté les moyens des souverains pour procurer le bonheur des peuples que le ciel leur a soumis (2).

Non, comme le dit le savant abbé Proyard (3), » la puissance des rois n'est point le domaine » des rois, mais c'est bien moins encore le » domaine des peuples. Les chefs des nations » sont les dépositaires de la puissance qu'ils » exercent sur les nations; puissance qui est » de Dieu, qui reste à Dieu, exclusivement à

(1) Voyez Grotius et Puffendorf.

(2) Voyez Burlamaqui, principes du droit naturel et politique, tom. 1, pag. 241.

(3) Voyez Louis XVI et ses vertus, aux prises avec la perversité de son siècle, tom. 2, liv. 8, pag. 50.

» Dieu (1); puissance que Dieu communique,
» qu'il donne et transporte à son gré, suivant
» les règles dont se compose l'économie d'une
» providence toujours équitable ; *puissance,*
» *enfin, dont il n'appartient qu'à Dieu seul*
» *de juger l'exercice,* de venger les abus, ou
» de réformer les ministres. »

Ces principes sont le résultat des textes sacrés; ils nous apprennent que Dieu, en subordonnant l'homme à l'homme, les familles aux pères, les sociétés aux chefs qui les gouvernent, leur dit à tous :

« L'univers est mon domaine , et toute
» puissance est ma puissance. C'est vous qu'il
» me plaît d'appeler à la lieutenance tempo-
» raire de mes droits éternels sur les enfans
» des hommes. Je vous institue les vicaires de
» ma bienveillance à leur égard : vous serez
» auprès d'eux les ministres de ma bonté, les
» interprètes de ma justice et les zélateurs de
» ma gloire. Vous ferez de ma loi sainte la
» règle de vos lois; et à ce prix vous aurez
» consacré la portion de puissance dont je

(1) *Ministri regni illius.* Sap. VI.

» vous délègue l'exercice, et me réserve la pro-
» priété; vous trouverez des volontés dociles
» à votre autorité dans toutes celles que, par
» vos soins, j'aurai trouvé fidèles à mes pré-
» ceptes; j'imprimerai un sentiment irrésistible
» de respect pour vos personnes, dans tous
» les cœurs où vous aurez fait prévaloir le
» sentiment de ma divinité. »

Voilà les préceptes sacrés, les principes tu-
télaires et éternels, seuls capables de maintenir
l'ordre social et de procurer le bonheur des
empires. Si on les laisse renverser, si on leur
substitue le langage de l'impiété, qui ordonne
d'abjurer une religion qui menace, d'étouffer
une conscience qui condamne, d'anéantir un
Dieu qui punit, de secouer le joug d'un souverain qui réprime, alors le trône des monarques n'a plus d'appuis solides; alors les lois
ne seront plus observées que par la crainte
du châtiment, et ce frein deviendra nul, du
moment que des séditieux se croiront assez
forts pour le braver.

La secte philosophique dont l'esprit d'indépendance, d'orgueil et de domination a pour
but de renverser l'autel et le trône pour s'en-
richir de leurs dépouilles et régner ensuite

sur les débris de l'ordre social, avait pour ennemi redoutable une société fameuse par sa régularité, ses vertus, son instruction ; les semences de morale et de religion qu'elle faisait germer dans le cœur de la jeunesse ; la confiance générale que la pureté de ses principes lui avait obtenue ; l'accès qu'une considération méritée lui avait donné jusque dans le palais des rois ; enfin sa surveillance également active et inébranlable contre toutes les attaques de l'impiété.

Les sectaires n'osant attaquer de front cet arsenal de morale et de connaissances, s'efforcèrent de saper sa puissance par la calomnie et l'intrigue. Les débauches les plus honteuses furent imputées à la conduite la plus régulière et aux mœurs les plus pures ; les démarches les plus innocentes furent accusées de complots criminels ; les intentions les plus droites furent transformées en conspirations coupables ; et des ministres en faveur (1), secondant avec art les efforts d'une secte dont ils faisaient partie, trompèrent les souverains qu'ils devaient éclairer, et à force de répandre les soupçons et de semer

____

(1) Le duc d'Aranda, en Espagne, et le duc de Choiseuil, en France.

les défiances, ils obtinrent la proscription d'un corps qui était le premier rempart de la puissance religieuse et civile.

A cette chute, l'impiété jeta des cris de joie; les grands corps de la magistrature partagèrent inconsidérément cette alégresse, sans réfléchir qu'en sapant une des premières colonnes de la religion, le renversement de l'autel entraînerait celui du trône, et qu'ils seraient eux—mêmes écrasés sous les débris.

Débarrassés de ces surveillans dangereux, les sophistes marchèrent rapidement à leur but.

A force d'intrigues, d'éloges mensongers, de protecteurs corrompus, toutes les sources de l'instruction publique furent dans peu dégradées : les colléges, les académies, les pensionnats , même les séminaires, comptèrent bientôt dans leur sein des affiliés de la secte; et toute la jeunesse de France, sans expérience comme sans défiance, buvant à longs traits dans la coupe empoisonnée, au lieu de mœurs, de piété, de connaissances, de science, n'apporta plus dans le monde que l'élégance des formes, le ton tranchant de l'ignorance, le papillotage de l'esprit, le rafinement de la corruption, l'ironie et le sarcasme des préceptes

religieux, le goût d'une indépendance désorganisatrice, enfin un enthousiasme sans bornes
pour les ouvrages meurtriers des Voltaire, des
Rousseau, des Dalembert, des Raynal, et d'une
foule d'autres monstres, que l'enfer semblait
n'avoir vomi au milieu de la France que pour
employer un peuple inquiet, léger, turbulent,
à la distribution des torches incendiaires dont
ils voulaient embraser l'Europe.

La subordination, qui souvent tient aux
plus petites choses, existe sur-tout dans les
familles par le respect qui est dû aux pères et
mères, et dont les enfans ne peuvent jamais
s'écarter sans crimes.

Dans la société, elle repose principalement
sur les égards que se doivent les différens états
qui la composent, et que désignent les différens
costumes qui les signalent.

Les sophistes, à force d'exalter leurs brillans
axiomes de *liberté*, d'*égalité*, de *tolérance*,
parvinrent à faire disparaître ces barrières con-
servatrices de l'ordre.

Les pères et mères, pour suivre les conseils
du philosophe de Genève, trouvèrent charmant
de se faire tutoyer par leurs enfans, et à la
place de la soumission et du respect qui don-

naient tant d'empire à leurs ordres et tant de
force à leurs leçons, de substituer le langage
déplacé et ridicule de la familiarité qui conduit
au mépris (1).

D'un autre côté, les jeunes gens les plus
distingués par leur naissance et leur état, soit
par esprit de légèreté, soit pour se livrer à la
mode, en copiant des peuples voisins, soit

(1) Eh! pourquoi, en suivant les conseils de Rousseau,
ne pas imiter en même temps sa conduite, en aban-
donnant ses enfans et les envoyant, comme lui, à l'hô-
pital?

Le père est pour l'enfant le premier magistrat que lui
a donné le ciel : l'honorer et le respecter est pour lui,
dans tous les temps, un devoir sacré. La bénédiction du
père est pour l'enfant un gage de prospérité et de bonheur,
et sa malédiction méritée le poursuit jusqu'au tombeau.

Dans le génie de la langue française, on ne peut tutoyer que dans deux cas : ou lorsqu'on est le supérieur
de celui auquel on parle (ce qui est même alors peu
décent), ou lorsqu'on se trouve sur la même ligne, comme
le mari et l'épouse, le frère et la sœur, l'ami et son
ami.

Mais il n'est aucune position où l'enfant puisse tutoyer
ses père et mère; et cette familiarité ridicule, en faisant
évanouir cette vénération respectueuse que l'homme doit
constamment aux auteurs de ses jours, diminue, ou,
pour parler plus juste, rend nul l'empire des conseils
qu'il doit chaque jour en recevoir.

peut-être pour être confondus et se livrer avec plus de liberté aux excès de la débauche, crurent qu'il était du bon ton de s'habiller en jokei, en sorte que leurs valets ne voyant plus de distinction entr'eux et leurs maîtres, que peut-être un rafinement de plus de perversité de la part de ces derniers, secondèrent merveilleusement en 1789 le plan des sophistes, sautèrent dans le carrosse en esquivant la roue, et comme disait avec vérité le régicide *sans phrases* Sieyes, on vit l'antichambre entrer au salon (1).

Cette jeunesse inconsidérée était, sans doute, hélas! bien loin de prévoir que ces philosophes qu'ils trouvaient si aimables, qui ne leur prêchaient que tolérance, qu'humanité, que liberté, que mépris des honneurs et de la fortune,

(1) « La langue des signes, dit Rousseau dans son
» Émile, est infiniment plus puissante qu'on ne peut
» l'imaginer. Autrefois les rois, avec une couronne, un
» sceptre, un manteau de pourpre, commandaient à
» leurs peuples, et en étaient obéis avec promptitude et
» respect. Les souverains ont trouvé plus beau de se
» faire obéir avec cent mille baïonnettes; mais je doute
» qu'ils s'en trouvent mieux. »
L'expérience a prouvé que ce sophiste observateur avait su lire les résultats dans les causes, et que l'abandon des costumes qui impriment le respect et qui commandent l'obéissance, n'est jamais sans inconvénient.

abandonneraient dans peu cette peau d'agneau qui leur est étrangère, pour revêtir celle de tigre qui leur est propre ; qu'après les avoir poursuivis le fer et la flamme à la main, ou les avoir égorgés sur des échafauds, ils s'empareraient de leurs richesses comme de la fortune publique, et que, non contents de l'insolence de leur domination, ils voudraient encore caresser leur orgueil par les titres pompeux de *baron*, de *comte*, de *duc*, de *pair* de *princes*, et même de *souverains* (1).

(1) Tous ces hommes (à une très-faible exception près) mille fois plus vils par leur conduite et leurs actions que par la bassesse de leur naissance, malgré leurs richesses, leurs cordons, leurs titres, n'ont jamai pu obtenir l'ombre de la considération et du respect ils n'ont fait que prouver davantage que la fortune fruit du brigandage, flétrit celui qui la possède ; que l'estime et les décorations ne sont dues qu'aux action grandes, nobles, généreuses et utiles à la patrie; que la vertu seule est en droit d'exiger des hommages, et que le crime, malgré tous ses efforts, ne peut jamais avec succès usurper ses livrées.

Il est bien temps, cependant, pour l'intérêt et l maintien de l'ordre social, que ces désordres cessent car ce serait vouloir achever de détruire la morale d tous les peuples, que de souiller davantage leurs regard par l'assassin décoré et le crime triomphant.

C

Ce n'était pas assez pour les sophistes de corrompre en France les premières classes de la société ; c'était à la désorganisation totale de l'Europe qu'ils en voulaient, et tous les empires, comme tous les individus, devaient être dès-lors successivement infectés de leurs poisons.

Pour remplir ce plan, ils s'agrégèrent les sociétés littéraires, comme les folliculaires des différens empires ; les loges maçoniques furent sur-tout chargées de la propagation des principes anti-religieux et anti-sociaux, et c'est à leurs efforts et à leur dangereuse institution que sont dues principalement les révolutions de 1789 et de 1815 (1).

Les sophistes s'efforçaient sur-tout, par des

______

(1) La maçonnerie a un côté ostensible pour l'homme honnête, qui peut aisément le séduire. On ne parle en loge (sur-tout dans les premiers grades), que d'égalité, de charité, de bienfaisance ; et des jeunes gens, dont le cœur est sensible et bon, sont facilement séduits par la vue de quelque bien que l'on fait à des malheureux. D'autres personnes insouciantes ne voient dans la maçonnerie que l'occasion de s'amuser des épreuves qu'on fait subir au récipiendaire, de s'égayer à un banquet, ou de trouver en voyage plus facilement des connaissances ; et sur cent maçons, à peine il en est quelques-uns qui connaissent le vrai but de cette association désastreuse.

B

souplesses et des éloges adroitement prodigués à se concilier les ministres et les grands qu entouraient les trônes; et lorsque, par des intrigues ménagées avec art, ils étaient parvenu à faire nommer des gouverneurs de leur part à des princes destinés à règner, ils faisaient par à leurs complices de cet heureux évènement ils triomphaient de cette victoire, bien certain que le peuple est bientôt corrompu, là où le souverain méconnait les principes qui fon l'appui de sa puissance, comme celui du bonheur de ses sujets.

L'Encyclopédie et les grands ouvrages de sectaires étaient des répertoires d'erreurs politiques et de blasphêmes religieux, mais ne pouvaient servir qu'à corrompre les grands, les hommes riches, les femmes à la mode, et c'était le peuple qu'il fallait sur-tout démoraliser, puisque c'était lui qui devait être le principal levier de la révolution qu'on méditait.

Il fallait à ce peuple des ouvrages à sa portée; il lui fallait des pamphlets de quelques pages; il fallait enfin, suivant le langage de Voltaire, écrire pour les antichambres et pour les cuisinières.

Ce patriarche des sectaires, cet ennemi fougueux de la religion chrétienne, ce destructeur zélé de la morale et de toute subordination, se chargeait sur-tout de ces sortes d'ouvrages. Maniant avec adresse l'arme de la plaisanterie et du ridicule ; se faisant un jeu de calomnier, d'altérer, de tronquer les vérités qu'il attaquait, il avait l'art d'en imposer aux sots, de faire rire les oisifs, de tromper les ignorans.

Ces écrits, périodiquement envoyés aux philosophes d'Holbach, Dalembert, Diderot et autres affiliés, étaient imprimés par leurs soins, et après avoir amusé la prétendue bonne compagnie, ils se vendaient à vil prix au bas peuple de Paris, empoisonnaient les colléges, les séminaires, les maisons d'éducation, où des domestiques corrompus les faisaient entrer, et ils finissaient par circuler, au moyen de colporteurs affidés, jusque dans les communes les plus reculées du royaume.

Pour bien juger de tout le mal que produisaient ces écrits, voyons quelques-uns des poisons qui s'y trouvaient délayés, et que ces sectaires ont la hardiesse de donner comme des principes, dans des ouvrages avoués par eux.

Suivant ces précepteurs du genre humain,

» L'athée est plus vertueux que celui qui cr
» en Dieu (1).

» L'athéisme est le seul système qui pui
» conserver l'homme à la liberté, au bo
» heur, à la vertu (2).

» Un Dieu immatériel, infini, immen:
» est une chimère (3).

» La religion chrétienne est une religi
» infame, un monstre qu'il faut que c‹
» mains invisibles percent. Les philosopl
» doivent tout oser, tout risquer, jusqu'à
» faire brûler pour la détruire (4).

» Le système, qu'il n'y a point d'ames,
» plus hardi et le plus étonnant de tous, e
» au fonds, le plus simple (5).

» Notre ame est de la même pâte que ce
» des animaux (6).

» La vertu n'est pas un bien (7) : dès q

(1) J. J. Rousseau, nouv. Hél., tom. IV., let. 8.

(2) Le baron d'Holbach, syst. de la nat., tom. 1
pag. 382.

(3) Id. tom 11, pag. 58.

(4) Voltaire à Damilavile, 14 décembre 1764.

(5) Voltaire, lettre à Memmius.

(6) La Métrie, l'homme machine.

(7) Voltaire, dict. phil., art. *souverain bien.*

» le vice rend heureux. on doit aimer le
» vice (1).

» Un enfant ne doit plus rien au père dont
» il n'a plus besoin (2).

» Les prêtres et les rois sont les deux fléaux
» les plus destructeurs de l'espèce humaine (3).

» Rétablir la communauté des biens, sans se
» soucier des criailleries des propriétaires, ce
» serait couper racine aux vices et à tous les
» maux de la société (4).

» L'homme n'est pas libre autrement que
» son chien (5).

» La vérité, comme la vertu, n'ont de
» valeur qu'autant qu'elles sont utiles (6).

» Le Jupiter des païens est préférable au
» Dieu des chrétiens (7).

» La religion, au lieu de représenter l'impu-
» dicité comme un sentier de crimes, de mal-
» heurs, de peines, pourrait sagement la

(1) Syst. de la nat., tom. 1, chap. 9.
(2) Encycl., art. *enfant*.
(3) Encycl. méthod., discours prélim., M. Naigeon,
pag. 22.
(4) Code de la nature, 3me partie.
(5) Voltaire, dict. phil., art. *liberté*.
(6) La Métrie, de l'ame, pag. 31.
(7) Le marquis d'Argence, le phil. Milet.

B 3

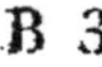

» changer en culte, en faire une vertu, et la
» récompense des vertus (1).

Voilà une faible idée des maximes effroyables
que donnent aux hommes ces sophistes
impies, qui s'érigeaient en précepteurs du genre
humain, et qu'une justice sage et éclairée
aurait dû frapper avec toute la sévérité de la loi.

Eh! comment la France n'aurait-elle pas
été corrompue par les semences d'impiété,
d'irréligion, de révolte, répandues dans la
foule d'écrits dont elle était inondée, lorsque
des ministres en favorisaient l'entrée et la distribution (2); lorsque la voix des magistrats (3)
et des prélats se trouvait étouffée par celles

(1) Raynal, hist. philos., tom. 1, pag. 215.

(2) MM. de Maurepas, de Malesherbe, Turgot,
Brienne et Néker.

(3) M. l'avocat général Séguier, dans un requisitoire
du 18 août 1770, peignait avec force et courage les
excès des sophistes, et leurs infames projets.

» La religion, disait cet orateur, compte aujourd'hui
» presqu'autant d'ennemis déclarés, que la littérature
» se glorifie d'avoir produit de prétendus philosophes;
» et le gouvernement doit trembler de *tolérer dans son*
» *sein* une secte ardente d'incrédules, qui semblent ne
» chercher qu'à soulever les peuples, sous prétexte de
» les éclairer.

Une foule de prélats s'exprimaient de la même

des sophistes ; lorsque des souverains favorisaient eux-mêmes les excès de ces impies ; lorsque le roi de Prusse, sans réfléchir aux armes qu'il aiguisait contre ses successeurs, écrivait à Voltaire (1) : *travaillez toujours ; envoyez vos ouvrages en Angleterre, en Hollande, en Allemagne, en Russie : quelque précautions qu'on prenne, ils entreront en France?* Lorsqu'après la mort de ce chef de la secte, le même souverain écrivait à Dalambert, *de se servir des presses suisses, hollandaises, allemandes, pour les œuvres de Voltaire, si l'image du dieu de Versaille en défendait la publication (2)* ?

Ah ! oui, sans doute, Louis XVI était sur la terre une digne image du Dieu qu'il représentait, puisqu'il est impossible d'avoir vu un manière dans leurs mandements, sans exciter autre chose que de *l'insouciance*.

Si la catastrophe de 1815 ne produit rien de plus, il faut qu'un million de Français cherchent, s'ils le peuvent, une terre hospitalière, car il est de toute certitude qu'avant deux ans il arrivera une nouvelle explosion jacobine, et à cette époque toute l'Europe ne sera pas aux portes de la France, pour en arrêter les effets.

(1) Lettre de Fréderic II à Voltaire, de 9 décembre 1771.

(2) Lettre du roi de Prusse à Dalambert, du 30 décembre 1782.

monarque plus humain, plus sensible, plus vertueux, plus instruit de ses devoirs et plus empressé à les remplir ; qui, au milieu de la corruption générale, ait montré une justice plus éclairée et des mœurs plus pures ; qui ait désiré plus ardemment le bonheur de ses peuples ; qui ait fait plus d'efforts et de sacrifices pour le procurer ; qui, enfin, au milieu des outrages et des persécutions sans nombre dont des monstres l'ont accablé, ait montré une patience plus soutenue, une résignation plus angélique, une fermeté et un courage plus dignes de la religion qui le soutenait, et pour laquelle il subissait le martyre (1).

Après ce crime qui fit frémir l'Europe, le ciel permit à ces prétendus philosophes de s'asseoir un instant sur les débris du trône qu'ils avaient renversé, pour montrer aux nations

(2) Il n'en faut pas douter, c'est à la protection de ce saint roi ; c'est à son intercession en faveur d'un peuple qu'il a tant chéri, que l'on doit les prodiges qui, dans la catastrophe de 1815, ont empêché l'anéantissement de la France, et le massacre des propriétaires et de tous les hommes honnêtes, ainsi que les jacobins en avaient formé l'exécrable projet.

le bonheur qu'elles pouvaient attendre du règne de l'impiété (1).

Alors, on vit sur toute la surface du royaume, s'établir ces clubs incendiaires où les missionnaires de la philosophie prêchaient en bonnets rouges, *qu'il n'y a point de Dieu; que l'ame est matérielle, et périt avec nous; qu'on ne doit attendre de bonheur que dans ce monde; que le crime utile est une vertu; que toutes les débauches sont permises, du moment qu'elles plaisent; que tous les propriétaires sont des usurpateurs, et que les rois comme les prêtres, sont les fléaux de l'espèce humaine.*

Ces sermons soutenus de la puissance publique et applaudis par les décrets insensés de l'atroce convention, eurent les fruits qu'on devait en attendre. On poursuivit, le fer et la flamme à la main, tous les hommes dont on convoitait les richesses; on déporta ou l'on massacra les pon-

(1) Fréderic II, tout en favorisant les sophistes, savait cependant quelquefois les apprécier. Il disait un jour, que s'il était mécontent d'une de ses provinces, il la donnerait *à gouverner à des philosophes.* Qu'eût-il pensé s'il eût vu, en 1793, les principes de ces messieurs mis en action ?

tifes et les ministres fidèles (1) ; on renversa les autels et les temples pour s'emparer des trésors dont la piété, pendant des siècles, les avait enrichis; et les rois-philosophes, après s'être fait des apanages dignes de leurs mémorables actions, abandonnèrent partie de ces richesses aux jacobins des provinces, soit pour s'attacher

(1) Au milieu de ces horreurs on vit des traits d'héroïsme qui rappelèrent les vertus des premiers chrétiens.

Tous les évêques de France (trois exceptés), n'écoutant que la voix de leur conscience, préférèrent la misère et l'exil à l'infamie de méconnaître la loi de Dieu, et depuis plus de vingt ans, ces vertueux pontifes n'ont pu subsister que par les soins de cette Providence qui veillait sur les apôtres.

Le 7 septembre 1792, cent cinquante prêtres qui avaient refusé le serment que la secte impie exigeait d'eux, se trouvaient entassés dans la maison de Saint-Firmin et dans celle des carmes de la rue Vaugirard ; les bourreaux de la convention s'y portèrent : on proposa à ces respectables ministres, ou la mort ou l'abjuration de la religion qu'ils professaient : mais, sans hésiter, ces héros chrétiens marchèrent au martyre en chantant le *miserere*, ayant à leur tête, trois prélats également distingués par leur érudition et par leur piété, savoir : François-Joseph de la Rochefoucaud, évêque de Beauvais ; Pierre-Louis de la Rochefoucaud, évêque de Saintes, et Jean-Marie Duleau, archevêque d'Arles, qui le premier se présenta aux assassins.

irrévocablement leurs complices , soit pour les récompenser de leur zèle à prêcher leur doctrine , et de leur fureur dans les assassinats qu'ils avaient exécutés.

Dans toutes ces scènes d'horreurs , les maçons jouèrent le plus grand rôle.

Affiliés avec les principales loges de l'Europe, en correspondance journalière avec elles , ils furent le fil principal de cette propagande désastreuse destinée à incendier tous les empires , en y démoralisant les peuples et les soulevant contre l'autorité légitime (1).

(1) On a pu s'apercevoir que les parties de l'Europe qui ont paru adopter le plus aisément les principes des jacobins , sont celles qui renfermaient le plus de loges maçoniques.

Bonaparte qui avait eu la folle idée de régner sur l'Europe , avait bien aperçu qu'un moyen puissant pour seconder ses vues, était de soulever les peuples qu'il voulait subjuguer , en leur inoculant le virus jacobin ; mais heureusement pour le maintien de l'ordre social, que l'empereur-brigand pillait impitoyablement les peuples qu'il faisait instruire , car alors ils ont parfaitement senti qu'un des droits de la souveraineté qu'on leur promettait , devait être de conserver d'abord ce qu'ils possédaient, et ils ont fini par repousser avec fureur des maîtres qui , pour prix de leurs savantes leçons et du brillant cadeau des droits de l'homme, ne leur laissaient pas la possibilité de manger du pain.

Le cri des maçons, comme celui des sophistes, est liberté, égalité, tolérance (1).

Leur but, comme celui de la secte impie, est le renversement de l'autel et du trône (2)

Liés ensemble par cette conformité de plan et de moyens, ils s'accordèrent sans peine pour faire nommer, soit dans l'assemblée constituante, soit dans la Convention, les membres qui leur paraissaient les plus propres à préparer et consommer *le grand œuvre*, c'est-à-dire la dissolution de l'ordre social (3).

Dans toutes les assemblées, les maçons se

(1) Par le règne des rois-philosophes, en 1793 on a vu ce que ces messieurs entendent par ces mots magiques

(2) Ce mystère pour les maçons des premiers grades n'en est plus un pour ceux initiés dans les derniers.

(3) Les épreuves qu'on fait subir aux adeptes qu aspirent aux différens grades, font connaître aisémen aux vénérables des loges, les caractères des initiés et ce à quoi ils peuvent être propres, suivant le circonstances. Aussi l'on a vu des individus élevé rapidement aux premiers grades de la maçonnerie faire dans la Convention l'effroyable motion *d'organise des compagnies de régicides, et de se mettre à leu tête.* Cet honorable projet, couvert des applaudissement des illustres collègues, mérita les éloges de tous le frères et amis, et obtint une place distinguée dans l premier journal du temps, le véritable Père Duchène

trouvèrent aussi en nombre prépondérant ; ils firent la plupart des décrets, disposèrent de toutes les places, et depuis le duc d'Orléans, grand-maître de toutes les loges , jusqu'au dernier des maçons, on les vit, en général, à la tête de toutes les horreurs qui souillèrent la France et épouvantèrent le monde (1).

Dès la naissance de la révolution, on vit aussi les loges maçoniques cesser leurs travaux, pour se changer en clubs, et ce fut dans ces derniers repaires que les maçons exercés à porter la parole dans les loges, achevèrent de démoraliser le peuple, et de le soulever contre les ministres des autels, les soutiens du trône et les propriétaires qui refusaient d'adopter la religion de Dalambert, (*le nivellement des*

(1) Les maçons avaient tellement d'influence dans l'assemblée constituante , que la plupart de ses décrets portaient le cachet de la maçonnerie, et qu'ils se disputèrent long-temps pour faire porter le nombre des département à celui de quatre-vingt-un , dernier nombre maçonique ; (ce qu'ils n'obtinrent cependant pas).

Un homme de mérite qui, par cette raison , fut massacré en septembre 1792 dans les prisons de Paris , a fait un rapprochement piquant des principes de la maçonnerie avec les décrets de l'assemblée constituante, dans un écrit du temps, intitulé, *le voile levé pour les curieux.*

*fortunes et le droit des membres pauvres d
la société de s'armer contre les riches* (1).

Enfin, les maçons furent les principau
distributeurs de la fortune immense du princ
Egalité, qui fut consommée, comme on le sail
soit à égarer le peuple en lui promettant l
partage des terres, soit à solder par-tout le
scélérats, pour incendier les châteaux et égor
ger les prêtres et les nobles ; soit enfin à de
sorganiser l'armée, en faisant massacrer o
chasser les officiers, pour les remplacer pa
des soldats sans principes, sans mœurs , san
éducation ; et c'est de cette époque fatale qu
date cette effroyable composition de la plupa
des chefs de l'armée et de ses officiers, com

(1) Lettre de Dalambert au roi de Prusse, du 3
novembre 1770.

En 1793, on a vu que le peuple que Dalambert, dai
cette lettre, traite *d'imbécille*, a su profiter des leçons c
ses maîtres ; qu'il a fort bien saisi leur doctrine ; et l
mêmes élans de dévotion du peuple pour cette bel
religion recommenceraient bien certainement aujourd'hu
si toutes les puissances de l'Europe, peu curieuses de vo
propager dans leur sein les mêmes actes de dévotioi
n'avaient senti la nécessité de venir enfin éteindre dai
son foyer le feu de la révolte, et consolider l'ord
social ébranlé, par la dispersion ou la juste punition c
ces atroces missionnaires.

position qui , par une trahison sans exemple dans les annales de l'histoire , vient de forcer à rougir tous les Français auxquels il reste des sentimens de loyauté , de délicatesse et d'honneur.

Telles sont les causes principales de la révolution de 1789. Voyons celles qui s'y sont réunies, pour opérer la catastrophe de mars 1815.

SECONDE PARTIE.

SUR LES CAUSES PARTICULIÈRES

DE LA RÉVOLUTION DE 1815.

Il est impossible à ceux qui ont perdu de vue la France depuis 1789, de se faire une idée juste des changemens survenus dès cette époque dans les mœurs, les opinions, les habitudes, les désirs, la conduite, enfin le caractère du peuple français; il n'y a rien de reconnaissable dans tout cela, et les hommes qui imaginent être resté les plus attachés aux anciens principes qui caractérisaient la nation la plus aimable, entraînés eux-mêmes par la force du torrent, ont fait, sans s'en apercevoir, de grands pas dans la carrière de la révolution.

En 1789, tout était préparé, comme on l'a vu, pour une révolution, et des mandataires infidèles se jouant insolemment de leurs mandats, brisèrent tous les ressorts qu'ils devaient conserver , et renversèrent l'édifice qu'ils étaient appelés à protéger et à défendre (1).

Les principes de religion et de morale, à la vérité, se trouvaient affaiblis et n'avaient plus d'empire; mais la crainte des lois retenait encore; mais l'habitude de la soumission aux autorités, le respect humain , le respect de soi-même , étaient encore des freins qui ne permettaient

(1) En 1789, MM. les députés aux états-généraux ont perdu la France, en sappant les fondemens du trône et la livrant aux mains sanguinaires de la philosophie, de l'immoralité et de la sédition.

Fasse le ciel que MM. les députés du mois d'août 1815, que la France vient de choisir, parviennent à la sauver, en éclairant la religion du souverain sur la nécessité de l'emploi du seul moyen capable de rétablir l'ordre et la paix, de replacer le trône sur ses véritables bases , d'en rendre assurée l'existence, de mettre enfin à l'abri des horreurs d'une nouvelle révolution, la vie et les propriétés de tous les Français fidèles !

Ce moyen est proclamé dans toutes les adresses des départemens ; mais elles semblent s'arrêter aux barrières du Louvre, et c'est à Messieurs les députés de la chambre des communes , qu'il est réservé d'écarter les obstacles qui empêchent la voix de la France d'être entendue de son roi.

aux plus disposés, que d'aller en hésitant dans la route de la perversité que les factieux leur traçaient.

Tout corrompu qu'était le peuple, il ne pouvait croire à la réalité des principes d'égalité et de liberté qu'on lui prêchait ; tout empressé qu'il était à vouloir dominer, il ne pouvait se persuader cette souveraineté qu'on lui accordait, et il fallut trois ans d'encouragemens, de prédications et d'exemples pour l'amener à la hauteur des principes des sectateurs philosophes.

Les prêtres constitutionnels contribuèrent puissamment à la corruption de la morale publique (1).

Lorsque le peuple vit ces hommes, primitivement ses instituteurs, lui déclarer qu'ils n'avaient jamais été que des charlatans et des

______

(1) Il y a des prêtres qui, ayant été égarés en 1789 par l'effervescence de la jeunesse et la légèreté qui en est souvent la suite, sont rentrés de bonne foi dans le cercle étroit des principes religieux. Ces hommes, qui portent dans le parti de l'honnêteté cette chaleur qui autrefois les avait égarés, secondent aujourd'hui de tous leurs efforts la cause de la justice, de la religion, de la royauté, et produisent le plus grand bien ; malheureusement ces exceptions sont très-rares.

imposteurs ; que la religion n'était qu'une chimère, propre à surprendre les imbécilles ; que la jouissance des passions était dans le vœu de la nature, et que c'était commettre un crime que d'hésiter à s'y livrer ;

Lorsque le peuple vit que ces hommes parjures mettaient eux-mêmes en pratique leurs abominables leçons, qu'ils se mariaient, qu'ils se livraient à tous les genres de débauche, et qu'eux-mêmes travaillaient à dépouiller les autels et renverser les temples dont ils avaient été les ministres ;

Lorsqu'il vit que les fêtes étaient supprimées et que des orgies scandaleuses honoraient la décade qui, avec les arbres de la liberté, avait remplacé le dimanche et les offices qui le sanctifiaient ;

Quand il vit enfin que les asperges et les oignons se trouvaient dans le nouveau calendrier, à la place des saints qu'il avait révérés ; que l'encens qu'on n'accordait qu'à Dieu, fumait aux pieds des filles publiques, transformées en déesses ; ce peuple alors tombé dans l'ivresse d'un délire qui lui était inconnu, se livra avec fureur à tous les désordres, et ses précepteurs ne pouvant plus retenir des passions qu'ils avaient eux-mêmes déchaînées, crurent ne pouvoir échapper aux peines qu'ils méritaient, qu'en rendant innombrables les criminels, et qu'en portant ce peuple à partager tous leurs excès, et à applaudir à tous leurs attentats.

Eh ! que pouvait devenir le malheureux peuple français, sous l'affreuse domination de ces impies sectaires, qui employaient, pour le succès de la perversité et du désordre, toutes les ressources de la civilisation que des monarques vertueux avaient, pendant des siècles de soins et de gloire, portée au plus haut degré ?

Pour tromper plus sûrement ce peuple infortuné, ces philosophes vils et orgueilleux, qui ne parlent de vertu que pour avoir le droit de propager tous les vices, prirent le parti de changer jusqu'à la signification des mots.

En conséquence, *au nom de l'obéissance,* on excita par-tout des soulèvemens ; *au nom de l'humanité,* on poursuivit on l'on égorgea tous les citoyens honnêtes et vertueux ; *au nom de la justice,* on les dépouilla et l'on vendit leurs propriétés ; *au nom de la fidélité conjugale,* on établit le divorce ; *en exaltant le respect dû aux pères et mères,* on fit des lois pour soustraire les enfans à leur autorité ; *au nom de la liberté,* on éleva des bastilles dans toutes les villes du royaume ; *au nom de la sûreté individuelle*, on enferma quatre cent mille hommes, dont le crime était de ne pas applaudir à des atrocités qui soulevaient l'Europe ; enfin, *au nom de la loyauté nationale*, après avoir pompé le numéraire de la France avec une monnaie de leur fabrique, ces messieurs firent, sans façon, banqueroute de dix milliards d'assignats.

Au milieu de ce cratère infernal qui, au lieu de soufre, de bitume et de laves, ne cessait de vomir le pillage, l'assassinat, les crimes de tous genres, quels principes, quelle instruction pouvait recevoir l'infortunée jeunesse ?

Ses yeux ne voyaient que des infamies, ses oreilles n'entendaient que des obscénités ou des blasphêmes, et tous ses sens étaient blessés à la fois de toutes les souillures d'une perversité réduite en principes et encouragée par l'autorité (1).

(1) On l'a dit avec raison, voulez-vous des hommes capables de grandes actions et qui honorent leur patrie, élevez les femmes et donnez-leur de la moralité et des vertus, car alors elles forceront les hommes à se rendre dignes d'elles.

Les sectaires impies le savaient ; mais pour l'exécution de leurs projets, n'ayant besoin que d'hommes vicieux et

Les leçons données à l'enfance étaient d'insulter au malheur, d'accabler d'injures les infortunés qu'on traînait dans les fers, de suivre jusqu'à l'échafaud, avec les cris d'une joie barbare, les victimes innocentes dont la fureur avait ordonné l'assassinat.

La jeunesse dégradée par un libertinage prématuré et sans frein, ne croyant à rien, ne respectant rien, ne connaissant que le maniement des armes, a été, pour la plus grande partie, entraînée aux armées, où elle a fait son éducation au milieu de la dépravation des camps.

Ceux qui ont pu échapper à la conscription, n'ont reçu, pour la plupart, que les leçons propres à les seconder. ils s'efforcèrent d'avilir les femmes, et par un décret ils poussèrent l'impudeur jusqu'à déclarer *que le gouvernement accorderait trois cent francs à la fille qui donnerait un garçon à l'état.*

Cette loi, digne de ses auteurs, a produit tout l'effet qu'ils pouvaient en attendre; l'immoralité a été poussée au dernier point, et dans toutes les communes on voit des filles faire trophée des fruits de leur libertinage, quoique les législateurs aient mis leur promesse à cet égard, à côté de celle du milliard qu'ils réservaient aux défenseurs de la patrie.

Ce serait le cas de rappeler un passage de saint Cyprien, lorsqu'en parlant de la femme, il dit : *quæ spontè corruit, quid faciet si fuerit impulsa ?*

des jacobins et des athées qui peuplaient le
écoles, où, par un raffinement de perfidie, l
gouvernement forçait les pères et mères d'envoye
leurs enfans (1).

Fidèles aux préceptes de leurs maîtres, ce
jeunes gens sans principes, sans religion, san
morale, sont devenus à vingt ans des ambitieu
effrénés; décidés et tranchans par l'effet de l'igno
rance; se croyant propres à tout, précisémen
parce qu'ils ne sont propres à rien, ils se son
jetés sans réflexion dans tous les partis qu'il
supposaient pouvoir leur procurer de l'argent
premier mobile de la jouissance des passion
dans lesquelles on les avait instruits à place
uniquement le bonheur (2).

Ce ne fut ni l'attrait des droits de l'homme

(1) Il est fort rare de trouver des communes où le
maîtres d'école aient quelques principes, et ces homme
destinés à jeter les premières bases de la morale dans l
cœur des enfans, n'en font que des impies et des athée
Ce mauvais choix se rencontre sur-tout dans les paroiss
qui ont le malheur d'avoir à leur tête des prêtres parjures
ce sont aussi ces communes où le feu de la révolte a ét
le plus actif, et où il sera le plus difficile à éteindre.

(2) Quelques jeunes gens, en très-petit nombre, élevé
sous les yeux de pères et mères respectables, ont échapp
à cette dépravation, et donnent encore aujourd'hui un
idée de l'aimable jeunesse d'autrefois,

ni le jargon de la liberté, qui présida aux destinées de la révolution française ; mais l'avarice, mais l'orgueil, mais le projet de la secte philosophique, de renverser l'autel et le trône. Le pillage fut un de ses buts ; la férocité, son moyen ; et « aucune » responsabilité civile ou politique ne retenant » le bras de ces ravisseurs collectifs, armés d'édits, » de soldats, de la dépravation de leur pays, » et de leur propre perversité, les propriétés et » les propriétaires formèrent le capital privé » de cette effroyable association (1). »

La vente des biens *dits nationaux*, fut la suite du brigandage et vint ajouter à la dépravation publique.

Les hommes délicats refusant de prendre part à des vols scandaleux, les rois–philosophes, pour se former à tout prix une armée de partisans, firent cadeau, on peut le dire, de ce qu'ils ne pouvaient vendre. Alors on vit des hommes devenir propriétaires d'une maison, pour la valeur d'un des fauteuils qui la garnissaient ; on vit des champs achetés pour le prix de quelques gerbes ; on vit enfin les acquisitions les plus intéressantes et les plus précieuses, aisément

(1) Voyez Mallet-Dupan, correspondance politique pour servir à l'histoire du républicanisme français.

soldées avec les revenus d'une année de l'objet acheté.

Si la fortune acquise avec honneur flatte celui qui la possède, par la considération et l'estime qui l'accompagne, celle qui a pour source des voies iniques et malhonnètes entraîne forcément avec elle une moisson de mépris qui sans cesse empoisonne l'existence de celui qui se l'est permise.

La loi civile aurait beau protéger de semblables fortunes, l'opinion publique fondée en raison ne se maîtrise point par l'autorité ; car la loi naturelle est toujours là qui réclame ; car la loi du législateur divin, antérieure à toutes les lois des hommes, et indestructible comme son auteur, ne peut être rapportée que par lui, et qu'elle est toujours là pour crier sans cesse et impérieusement à tous les individus :

« Que l'on ne doit faire aux autres que ce
» que l'on voudrait qu'on nous fît, et que la
» société ne peut subsister qu'autant qu'on répare
» le tort fait à autrui, soit en paroles, soit en
» actions (1). »

Par le brigandage de ces ventes scandaleuses,

____

(1) Burlamaqui, principes du droit naturel, tom. 1, pag. 256 et 257.

les barrières du juste et de l'injuste se trouvant
complétement renversées, les moyens les plus
avilissans ne parurent plus que naturels, du
moment qu'on les crut propres à conduire à
la fortune.

Les métiers les plus infames se firent alors sans
honte comme sans dangers ; celui d'usurier devint
en particulier à la mode. Toutes les villes se
trouvèrent infectées de ces sangsues ; les états où
régnaient autrefois le plus de délicatesse, don-
nèrent sans rougir dans ce genre de commerce,
et jusque dans le dernier des villages on vit des
êtres sans pudeur, abusant de la situation des
hommes persécutés, vendre leurs écus à quinze,
vingt et trente pour cent.

Pour avoir par-tout des apologistes et des soutiens, ces sectaires également féroces et astucieux,
fixèrent dans toutes les parties de l'état, leurs
affiliés et leurs complices.

Les premières places dans chaque administration devinrent en conséquence le patrimoine
et la récompense des régicides, des buveurs de
sang, des jacobins énergiques, des prêtres parjures, enfin des impies qui avaient le plus honoré

le bonnet de l'infamie par des actions scandaleuses ou atroces (1).

Tous ces hommes, chargés spécialement de ne prendre dans leurs bureaux que des commis de leur bord, furent ensuite jetés à dessein dans les départemens où ils étaient le moins connus; là, ils se lièrent sans peine avec les gens honnêtes du pays, soit par les rapports naturels de leurs places, soit par l'ascendant que donne toujours plus ou moins dans la société, les avantages de la fortune, et par ces contacts malheureux ils achevèrent de porter par-tout l'immoralité de leurs principes et la perversité de leurs mœurs.

Le succès de toutes ces perfidies doit aisément se concevoir. D'abord, près de trois générations s'étaient élevées pendant le cahos révolution-naire, et le lait philosophique qu'elles avaient sucé dès l'enfance, les avait disposées aux alimens les plus solides de l'impiété.

Pour ceux qui avaient eu le bonheur de rece-

______

(1) On doit à la vérité de dire qu'il y a de ces hommes qui, ayant commis de grandes fautes, se sont efforcés de les réparer, en rendant à la France de grands services : alors la justice demande que la faute soit oubliée, et que la patrie ne s'occupe plus qu'à donner des témoignages de sa reconnaissance.

voir d'autres principes, il leur en fallait de bien inébranlables pour résister, sans faiblir, à un torrent de vingt-cinq ans de durée; car, on ne doit pas se le dissimuler, les hommes, en général, faibles, craintifs, indolents, préfèrent enfin de céder, à combattre toujours; en voyant le crime constamment heureux, ils en viennent au point de le flagorner, ou par lassitude, ou pour se soustraire aux dangers d'une résistance opiniâtre, ou pour en obtenir quelque chose, et, comme Mithridate, ils finissent peu à peu par s'habituer au poison.

Au milieu de cette corruption générale, les armées françaises avaient encore cependant conservé des principes : si plusieurs généraux leur donnaient d'affreux exemples, quelques autres, dont le dévouement à la patrie avait pour premier but l'estime publique et l'estime d'eux-mêmes, leur apprenaient d'un autre côté que l'honneur est le champ où le militaire, avant tout doit moissonner, et qu'il doit repousser avec horreur tout ce qui peut ternir la gloire, affaiblir l'éclat de la valeur et flétrir les lauriers du triomphe (1).

(1) MM. Pichegru, Moreau, Victor, Marmont, Oudinot et quelques autres. Cependant, il est bien

Le peuple français, successivement trompé
par les constitutionnels, les conventionnels, les
républicains, les jacobins, les directoriaux,
imaginait qu'il ne pouvait que gagner à un chan-
gement quelconque ; mais il ignorait ce que
pouvait produire la puissance souveraine con-
centrée dans les mains d'un Corse infecté de tous
les vices, habitué à tous les crimes, et dont la
férocité naturelle se trouvait, de plus, retrempée
dans l'ivresse de l'orgueil et de l'ambition.

constant, comme je le dis, que les armées avaient aussi
sous les yeux de dangereux exemples.

Déjà, à cette époque, des militaires imitant l'hypocrisie
et le charlatanisme des prédicateurs de liberté et d'égalité,
comme eux ne laissaient rien échapper à leur rapacité,
et, à l'exemple du comité du salut public, convertissaient
le droit de conquête en celui de pillage et de confiscation.

« Suivant Mallet-Dupan, Mercure britannique, N° 10,
» pag. 11, 14 et 15, des généraux sans fortune étaient
« par ces manœuvres devenus millionnaires dans vingt
» mois. Les personnes de la famille Bonaparte envoyaient
» des ordres à la municipalité de Milan ou de Modène,
» pour leur envoyer l'argent nécessaire aux voyages
» qu'elles projetaient, et le général **** venant à Paris
» commander les sbires qui, le 4 septembre 1797,
» chassèrent et emprisonnèrent le corps législatif, récom—
» pensa une prostituée, à Pavie, par un bon de cinquante
» sequins sur la municipalité de cette ville, qui le paya,
» et qui l'a conservé. »

Comme ces météores effrayants, qui annoncent le déchirement des entrailles de la terre et les convulsions du globe qui en sont la suite, Bonaparte parut pour compléter les malheurs de la France et punir l'Europe de ne les avoir point arrêtés dans le principe.

Tous les actes de cet usurpateur, même ceux qui avaient pour objet d'en imposer aux Français crédules, portent l'empreinte de la perfidie de son caractère.

S'il fait fermer les clubs qu'il redoute, il fait ouvrir les loges maçoniques, non pour la destruction des trônes qu'il veut établir pour lui et ses frères, mais pour le renversement de l'autel, qui est dans ses principes, et il leur nomme pour grand-maître, l'homme qu'il croit en état de seconder ses vues.

Si, pour flatter les Français religieux et se frayer le chemin du trône, il fait ouvrir les églises, il s'efforce de toute manière d'avilir la religion qu'il a l'air de rendre à la France.

Bien sûr que l'ivraie étouffe le bon grain, il amalgame les prêtres fidèles avec les apostats ; il ne nomme que des évêques de cette dernière classe, et la faible pension qu'il donne aux pasteurs, doit être payée par les communes, qui ne tarderont pas à les regarder comme des êtres inutiles et à charge.

S'il parle au peuple de tranquillité, inquiet et soupçonneux, il paye la moitié des Français pour être les espions de l'autre moitié ; il a des polices secrètes qui mutuellement se surveillent et se dénoncent : il y a aux postes des bureaux particuliers chargés de violer le secret des lettres. Il faut par-tout des passe-ports, des cartes de sûreté ; et n'étant heureux qu'en s'occupant d'emprisonnements et de fusillades, il faut, pour lui plaire, lui dévoiler des conspirations et imaginer des complots.

Si ce despote fait l'éloge de la justice, il fait nommer en même temps des commissions militaires chargées d'assassiner ceux qu'il leur désigne, et aucune victime n'échappe à des juges qui ne doivent connaître que la soumission, et qui n'ont point les lumières nécessaires pour un pareil emploi.

Si, dans l'idée de se concilier le respect, il se fait sacrer par le souverain pontife, il fait en même temps tout ce qui dépend de lui pour avilir le chef de la religion qu'il assure professer ; il le fait insulter, dépouiller par ses satellites ; et furieux de ne pouvoir obtenir du premier ministre

nistre des autels ce que lui défend sa conscience, sans égard pour son âge, ses vertus, son caractère, il le fait gémir des années dans une prison, et il faut un bienfait signalé de la Providence pour lui en ouvrir les portes.

Quel est donc le bonheur que ce tyran féroce vint apporter à la France ?

Celui que produit un torrent dévastateur, celui que donnent les irruptions du Vésuve et de l'Etna, celui enfin que procurent les fureurs de la tempête à un vaisseau qu'elle jette contre des rochers ou qu'elle entraîne dans l'abyme.

Des millions de Français couvrirent de leurs ossements tous les champs de l'Europe ; les îles furent envahies, la marine détruite, la confiance perdue, le commerce anéanti, et ce qui est au-dessus de tout cela encore, c'est que ce despote acheva de pervertir l'armée ; qu'il y introduisit le goût du pillage, l'amour de l'argent, et qu'il dégrada entièrement l'esprit militaire, qui doit compter la loyauté et l'honneur pour le premier des biens.

La manière dont ce malheur s'opéra, est sensible.

L'usurpateur immoral et couvert de crimes, qui sort des dernières classes de la société, est

D

naturellement porté à élever à côté de lui des hommes de sa caste, dont il croit pouvoir plus facilement disposer. Comme il ne peut se les attacher ni par l'amour, ni par la considération, ni par le respect toujours dû à l'autorité légitime ou à de grandes vertus, il les comble alors de titres, de décorations, de richesses, et sans s'embarrasser de dilapider la fortune publique dont il sait bien qu'il n'a pas le droit de disposer, il lui importe peu d'anéantir pour un siècle les ressources de la nation qui lui est étrangère, si cette profusion insensée peut lui donner la plus faible espérance de conserver quelques instans de plus les fruits de son usurpation.

Les soutiens d'un semblable usurpateur n'ont jamais, à leur tour, une fortune capable d'assouvir leur insatiable cupidité, parce que se croyant autant et souvent plus que l'usurpateur qu'ils servent, le méprisant au fond de l'ame; n'ayant pour lui aucun sentiment de considération, d'estime et d'attachement; connaissant et appréciant les moyens qui ont concouru à son élévation; intérieurement humiliés d'être obligés de former l'entourage d'un semblable souverain, ils ne se croyent jamais assez payés des actes de déférence et d'égards qu'on exige d'eux, parce qu'ils savent que l'argent qu'ils reçoivent, n'est pas la propriété de celui qui le donne, et qu'ils imaginent dès-lors qu'il doit en être plus prodigue; en sorte que tandis que le souverain légitime satisfait un sujet fidèle, par un mot, un geste, un regard de bonté, il faut que l'usurpateur, pour opérer le même effet, dilapide la fortune publique (1).

Bonaparte, non content du trône qu'il avait usurpé, avait rêvé de plus de soumettre l'Europe.

Après avoir perfectionné le moyen révolutionnaire établi pour le recrutement des armées (2); prenant, comme la république, pour

(1) On a vu des généraux sans fortune, sans patrimoine, prétendre, avec le ton de la vérité, qu'ils ne pouvaient vivre à Paris avec cinquante mille livres de rente; d'autres qui, avec des dotations de soixante mille livres de rente et des appointemens de plus de quarante, se plaignaient de n'être point suffisamment récompensés. Eh! comment la France aurait-elle pu résister aux fureurs d'une semblable cupidité? Aussi, un des buts de la révolution de 1815 était d'exploiter de nouveau les propriétaires, en les égorgeant ou les forçant à fuir, afin de s'emparer de leur fortune pour le crime d'attachement à leur roi.

(2) Le Corse barbare appelait avec mépris les conscrits,

tuteurs de ses destinées, le vol et le meurtre ; armant plus de soldats que n'en eurent jamais Auguste et Trajan ; employant toutes les ressources de la perfidie et de la mauvaise foi ; violant avec impudence le droit des gens et tous les traités ; ajoutant à la masse des hommes qu'il sacrifiait avec insouciance, les leçons des athées-philosophes pour égarer et soulever les peuples qu'il voulait soumettre, il parvint à détrôner plusieurs souverains ; à donner la loi à l'Italie, à la Belgique, à la Hollande ; à saccager l'Espagne ; à séparer plusieurs princes d'Allemagne du chef de l'empire ; à les rendre ses tributaires ; et fort ensuite des traités qu'il avait obtenus de l'Autriche et de la Prusse, il ne douta plus de la conquête de l'Europe, et, dans son délire extravagant, il courut à Moscou réveiller le lion.

Dans toutes ces guerres également injustes et dévastatrices, le militaire ne pouvait plus être guidé par l'amour de la patrie, mais par l'esprit de conquête, qui ne voit que la guerre après une nouvelle guerre, qui ne peut conséquemment avoir pour but que l'amour des

de la chair à canon, et prétendait insolemment *qu'il en avait trente mille à dépenser par mois.*

richesses, puisque l'honneur ne peut consister à dévaster successivement et sans motif tous les peuples de la terre, et que la ruine de la France était le résultat nécessaire de ces projets désastreux.

Bonaparte, de son côté, faisait tout pour conduire à cette démoralisation.

A l'exemple de la république, protecteur de tous les crimes contre la propriété, loin de réprimer les désordres et le pillage, il enflammait ses armées par l'espérance de partager avec elles l'exploitation de l'Europe, retenue, de son côté, par les liens de la justice, de la morale et de la civilisation (1).

(1) Il est établi par un calcul des plus justes, que les vols et les attentats de la république française contre la propriété, se portaient, en 1798, à un milliard trois cent vingt-neuf millions neuf cent vingt-cinq mille livres tournois, et cela, sans y comprendre l'évaluation de la dépouille du clergé, de la noblesse, des domaines de la couronne et de tous les Français persécutés par suite de leur attachement à leur religion et à leur roi. V. *Mallet-Dupan*, *Mercure britannique*, N° 10, pag. 5 et suivantes.

Il faut convenir que MM. les jacobins, bien payés, comme on le voit, de leur brillant cadeau des droits de l'homme, auraient bien pu ne pas exiger un nouveau paiement en 1815.

Chaque jour il donnait avec profusion les croix d'honneur et les pensions, sans s'embarrasser s'il était possible à la France de payer ce qu'il accordait (1).

Les soldats faits officiers pour réparer les pertes de la boucherie de la veille, ne songeaient plus, dans leur ivresse, aux dangers de la boucherie à laquelle ils devaient fournir le lendemain.

L'amour des titres et des décorations remplaça l'amour de l'honneur; le pillage et l'argent firent oublier au soldat l'injustice de la conquête, et les dotations faites aux chefs, dans les pays qu'on occupait, leur fit tout regarder comme légitime.

Alors la guerre seule paraissant conduire à la fortune, toutes les têtes furent exaltées; l'amour des richesses fit sur les armées françaises le même effet que les délices de Capoue sur les armées carthaginoises: le militaire ne rêva plus que titres, cordons, dotations, habits brodés, et le citoyen ne pouvant plus fournir à ces profusions extravagantes, se vit forcé de

(1) On a vu souvent les impositions d'une commune ne pouvoir suffir au paiement des pensions excessives accordées aux soldats qui habitaient dans son sein.

regarder le militaire non comme un défenseur, mais comme un ennemi.

Comme on le voit, tous les liens de la société, qui ne peuvent jamais se composer que de la justice et de la morale, se trouvèrent dès-lors complétement rompus, et l'immoralité soulevant par-tout sa tête audacieuse, avait, sans exception, infecté toutes les classes de ses germes corrupteurs.

Cette précieuse émulation, ce noble orgueil qui, dans chaque état, faisait autrefois le premier aiguillon du travail, qui suffisait seul pour contenir l'homme dans les bornes de ses devoirs, n'était plus senti !...... Cet amour de la considération générale, de l'estime de ses concitoyens, de l'estime de soi-même, qui en faisait la récompense la plus flatteuse, n'était plus compté pour rien !...... Du milieu de la fange et des décombres révolutionnaires, il était sorti du choc de toutes les passions, l'aristocratie la plus dangereuse, la plus terrible comme la plus méprisable, celle des écus. Oui, l'argent était devenu le prix de tout, le mobile de tout, la mesure de tout, et tous les moyens étaient trouvés bons, du moment qu'ils pouvaient conduire à ce but. (1)

Telle était, dans l'exacte vérité, la situation de la France, lorsqu'en 1814 le ciel fatigué des crimes de l'usurpateur, amena l'Europe pour le renverser, et replacer sur le trône de ses pères le descendant d'Henri IV et le frère de Louis XVI.

Louis—le—Désiré, en montant sur le trône, parut un père qui retrouve des enfans, et qui, pour leur faire oublier les malheurs d'une longue absence, vient verser sur eux tous les trésors d'une tendresse sans bornes.

Depuis vingt-cinq ans, la France gémissait sous les fléaux de la guerre.

Louis paraît, la paix se signe, et la parole du fils de Saint-Louis est une garantie qui désarme l'Europe.

Des entraves de tous genres avaient frappé le commerce ;

Louis paraît, les ports s'ouvrent, la confiance s'établit, les ateliers se peuplent, le numéraire circule, et les étrangers arrivent en

____

(1) Déjà je m'étais expliqué de la sorte, dans un mémoire que je fis en 1804, à Lyon, pour une dame Lafleschère.

foule pour prendre part à la délivrance des Français.

De grands crimes exigeaient de grandes punitions.

Louis ne veut consulter que sa bonté; il croit aux remords, il croit au repentir, et sa clémence angélique s'étend jusque sur les assassins féroces de sa propre famille (1).

Les Français fidèles et dévoués avaient partout été dépouillés pour prix de leur fidélité réputée crime par les séditieux; et la loi venait à leur secours pour faire prononcer la nullité de ces actes révoltans.

Mais la bonté de Louis croit à la possibilité de la bonne foi des acquéreurs ; il craint de blesser des arrangemens de famille; il tremble que cette mesure ne trouble la paix qu'il apporte à ses enfans : connaissant le dévouement

______

(1) Ceux de ces hommes qui étaient sénateurs, avaient même conservé des pensions de 36,000 fr.; ceux qui étaient préfets, une de 6,000 fr.; d'autres, plus ou moins. Tant de magnanimité n'a trouvé que des monstres d'ingratitude dans ceux qui en étaient les objets, et ce sont ces mêmes hommes qui ont ourdi et exécuté la conspiration de 1815.

Cela rappelle cet axiome si vrai, de Tacite :
Negata est magnis sceleribus semper fides.

sans bornes de ceux qui ont tout souffert pour sa cause; il compte de leur part sur ce nouveau sacrifice, et il refuse l'exercice de l'action à ceux qui voudraient l'intenter.

Les profusions du tyran laissaient une dette énorme à payer, et Louis pouvait se refuser à solder un objet qui n'était pas de son fait; mais craignant de blesser la confiance surprise, de faire tort à l'homme qui a servi l'état, il se charge de la dette, et une économie scrupuleuse en assure le paiement (1).

Les avantages de la paix exigeaient le licenciement d'une partie de l'armée, licenciement qui, dans tous les états et dans tous les temps, s'est toujours fait sans indemnité.

Mais Louis craint de manquer à la reconnaissance; il craint de laisser dans le besoin l'homme qui a servi l'état, et il donne à tous les officiers licenciés la moitié de leur solde, ce qui était une fortune pour les trois quarts et demi de ces militaires, qui, par ce moyen,

______

(1) La plus grande partie de cette dette est répétée, en particulier par des fournisseurs d'armées, par des receveurs qui prétendent avoir fait des avances; mais, si on faisait rendre des comptes exacts à ces spoliateurs de la fortune publique, il est à présumer que loin de leur devoir, on aurait de justes répétitions à leur former.

avaient au moins six fois autant de revenus que tous les individus de leur famille (1).

En 1814, toutes les places, sur-tout celles de l'administration, étaient, en général, remplies d'anciens jacobins ou de créatures de Bonaparte, et la sûreté du nouveau gouvernement paraissait exiger que ces hommes fussent sur-le-champ remplacés par des sujets connus pour être dévoués aux Bourbons.

Mais Louis croit à la reconnaissance ; la perfidie n'est pas connue de son ame ; elle ne peut la soupçonner ; et chérissant également tous ses enfans, il croit pouvoir sans danger laisser dans les places ceux qui les occupent (2).

Depuis quinze et vingt ans, plus de cent mille français gémissaient loin de leur patrie, dans les prisons des différentes puissances, sans

(1) Eh bien, ce sont ces mêmes hommes qui ont été par-tout à la tête des séditieux, et qui par-tout excitaient à égorger les propriétaires, dont les impôts excessifs sont employés à payer leurs pensions.

(2) Cette confiance malheureuse a puissamment contribué à la révolution de 1815, et en suivant la même marche, on peut être certain qu'on n'attendra pas long-temps à voir les mêmes résultats. Il n'est pas un homme attaché au roi et à son pays, qui n'en soit convaincu.

que le Corse farouche eût jamais pensé à briser leurs fers.

Louis paraît; le père réclame ses enfans, et ils sont rendus à la sensibilité de leur souverain (1).

Enfin, ce règne si court, mais en même temps si mémorable, a signalé de mille manières les ressources qui sont toujours dans les mains d'un bon roi qui chérit ses sujets et qui veut leur bonheur.

Voyons maintenant ce qui momentanément a forcé le père à s'éloigner de ses enfans.

Lorsqu'en 1800 Bonaparte arracha par adresse le sceptre de la puissance des mains des sectaires jacobins, ces derniers n'abandonnèrent point l'espoir de s'en ressaisir; mais connaissant l'implacable vengeance de l'usurpateur, et com-

____

(2) Il est un fait qu'on répugne de tracer; mais il le faut, puisqu'il est caractéristique de l'immoralité de la France, et sur-tout de la perversité de sa jeunesse. Eh bien, à peine ces hommes ont été rendus aux embrassemens de leurs familles, qu'emportés par l'ambition et l'espérance de quelques grades, ils ont accouru à la voix du tyran de l'Europe, pour combattre et leur bienfaiteur, et leur roi. Eh ! vils ingrats, pourquoi êtes-vous revenus souiller d'infamie les cheveux blancs de vos pères, et les forcer à rougir d'être Français?.....

bien il était dangereux de l'attaquer sans l'abattre, ils se bornèrent à en obtenir des places, des titres, des cordons, et à caresser son orgueil, en attendant les circonstances favorables à leurs desseins.

A l'arrivée des Bourbons, réfléchissant sur l'énormité de leurs crimes, et effrayés des peines qu'ils méritaient, les atroces républicains crurent que la clémence angélique de Louis—le—Désiré ne pouvait être sincère; que leur pardon n'était que provisoire; qu'il répugnait à la justice qu'on leur laissât les vols dont ils s'étaient enrichis, et forcés, dans tous les cas, à rougir en présence de la vertu, ils ne purent se soumettre à une existence pénible qui n'était jamais entrée, chez eux, dans les calculs de la possibilité.

» On aime toujours ceux qu'on combla de bienfaits,
» Et l'on se plaît à voir les heureux qu'on a faits (1). »

Mais aussi, par un sentiment contraire, qui se trouve dans la perversité, on hait, on déteste, on persécute ceux qu'on a offensés; leur présence nous humilie; elle nous rappelle le souvenir d'une faute; elle nous offre le témoin d'une injustice, et la haine qu'on leur porte,

____

(1) *Fenouillot de Falbaire*, *honnête criminel.*

est toujours en proportion de la grandeur et de l'injustice de l'offense.

Ces différens sentimens, unis aux principes permanens des athées-philosophes, et fortifiés de plus par l'orgueil et l'espérance de reprendre l'autorité, décidèrent la secte.républicaine, composée d'une partie des chefs de l'armée, à repousser de nouveau les Bourbons, par une de ces conspirations dont elle connaissait depuis vingt ans la tactique, et dont elle tenait toujours les fils à sa disposition.

Le congrès de Vienne, où se trouvaient les différens souverains de la coalition, faisait séjourner beaucoup de troupes dans l'Allemagne, et l'on devait redouter la promptitude des secours que les Alliés pouvaient donner au roi (1).

La secte impie n'aperçut qu'un moyen, qui, à la vérité, répugnait à la profondeur de ses vues, mais qui, dans le moment lui parut nécessaire, et le seul capable de parer au danger qui était imminent.

______

(1) On avait répandu le bruit que les intelligences de Bonaparte avec le continent avaient décidé les puissances à lui choisir un autre asile ; il est vraisemblable que la secte qui, pour disposer de l'armée, avait besoin de Bonaparte, accéléra l'explosion de la conspiration, par la crainte de l'éloignement de ce dernier.

Ce fut de faire revenir Bonaparte sur le continent, d'exciter par sa présence l'enthousiasme des armées françaises; de rendre, s'il était possible, la guerre nationale, en déchaînant, par les calomnies les plus convenables, les acquéreurs de biens nationaux, les jacobins, les maçons, tous ceux qui avaient figuré dans les anciens clubs; en excitant par l'appas des places, tous les ambitieux et les désœuvrés; en soulevant enfin contre les royalistes et les propriétaires de ce parti, cette crasse de la société, qui ne vit que de désordres, et que l'espérance du pillage conduit toujours à tous les crimes.

En formant ce plan, il fut en même temps bien convenu que l'on mettrait Bonaparte en tutelle, qu'il ne ferait que suivre les ordres qui lui seraient donnés, et que la paix faite à tout prix, on briserait l'instrument dont on se serait servi, et qu'on rétablirait la république, premier objet des chefs de la conspiration.

Ce parti pris, les jacobins de toute la France furent avertis d'employer leur zèle à seconder la grande entreprise, et des clubs s'organisèrent secrètement et sur-le-champ dans toutes les villes et jusque dans le dernier des villages (1).

Les officiers retraités furent, dans toutes les communes, les agens les plus actifs et les plus coupables de cette atroce conspiration (2).

Pour la plupart sans moralité comme sans éducation, ces hommes furent enivrés de la promesse que leur fit la faction, du paiement de leur solde entière.

Pour gagner le prix convenu de la trahison, ces hommes qui passent leur vie dans les cafés et les cabarets, vomissaient chaque jour contre le roi et les princes de son auguste maison, les calomnies les plus odieuses, comme les plus extravagantes.

Tantôt ils les accusaient de la hauteur la plus insultante, de l'incapacité la plus absolue, de l'avarice la plus sordide.

Tantôt ils prétendaient que les Bourbons ne cessaient d'avilir le militaire, et lui enlevaient d'une manière cruelle, tous les moyens d'avancement.

(1) Il n'y a pas une commune où l'on ne puisse nommer les maisons où se tenait le club, c'est-à-dire, la réunion des atroces jacobins.

(2) Il peut y avoir quelques exceptions, mais elles sont de la plus grande rareté.

Tantôt

Tantôt ils assuraient qu'on les laissait mourir de faim, et qu'on leur refusait leur solde, *tandis qu'ils venaient de la toucher.*

Tantôt poursuivant le souverain jusque dans ses pensées, ils assuraient que, sans le retour de Bonaparte, tout était perdu ; qu'on allait rétablir la dîme, les droits féodaux, même les plus odieux, et que le peuple ne serait bientôt plus qu'une horde d'esclaves assujétis à tous les caprices de quelques nobles extravagans (1).

Les chefs des différentes administrations faisaient répandre les mêmes calomnies, par leurs gardes, leurs préposés, leurs commis (2).

Les anciens prêtres apostats, toujours dans les principes qu'ils professaient dans les clubs, fâchés de voir le commencement d'un règne qui voulait fonder le bonheur de l'état sur la pureté des principes religieux et de ceux de la

(1) Les chefs des jacobins, gorgés des richesses de leurs victimes, ont fait beaucoup de distributions d'argent, et sur-tout à ces officiers à demi-solde, pour les mettre dans le cas de soulever tous les mauvais sujets des communes, tous les perturbateurs de l'ordre ; aussi, pour juger si une commune était très-mauvaise, il suffisait de savoir qu'il s'y trouvait plusieurs officiers à demi-solde.

(2) Il y a sans doute quelques exceptions, mais elles sont rares et connues dans les différens départemens.

morale, employaient tout, de leur côté, pour seconder les efforts des séditieux dont ils faisaient partie (1).

On assurait les acquéreurs des domaines nationaux, qu'ils allaient être dépouillés de leurs acquisitions, que cela était promis, et que sans le retour de Bonaparte ils étaient perdus (2).

On disait aux militaires qui avaient perdu leurs dotations, dans la Prusse, la Westphalie, la Saxe, l'Italie, que Bonaparte seul pouvait les leur rendre, ou les dédommager sur les biens des royalistes, qu'on chasserait avec les Bourbons.

On peignait aux habitans des campagnes, les Bourbons et la paix comme les plus grands des fléaux. Avec les Bourbons, leur disait-on, les familles se trouveront sans ressources, tandis qu'avec Bonaparte on est sûr de placer ses

(1) En général, toutes les paroisses gouvernées par ces sortes de prêtres, ont été affreuses. Ils se trouvaient à la tête des clubs, et enflammaient les séditieux par leurs leçons.

(2) Celui qui a le bien d'autrui croit aisément à la possibilité de la restitution, et l'usage affreux que ces Messieurs ont fait récemment de la fortune dont on a dépouillé les victimes de l'honneur, n'augmente pas la solidité du titre de leurs propriétés.

enfans, qu'on les vend avantageusement pour remplacer les gens riches, et qu'on a presque la certitude de les voir un jour en habits brodés, colonels ou généraux (1).

Enfin tous les agens jacobins, après avoir de toute manière excité le peuple à la sédition contre le souverain légitime, terminaient toujours leurs calomnies par assurer qu'au surplus les maux de la France allaient cesser, que Bonaparte devait bientôt revenir, et qu'en février ou mars, bien sûrement il serait en France.

Ces manœuvres produisaient, dans toutes les parties de l'état, la plus grande fermentation. Tous les honnêtes gens la voyaient; et sans croire à la possibilité du retour de Bonaparte, qu'on annonçait cependant avec hardiesse, ils

___

(1) L'amour de l'argent est si désordonné, qu'il a éteint jusqu'aux sentimens les plus doux de la nature.

On a vu chaque jour le père, la mère, les frères et sœurs recevoir avec satisfaction le prix du fils ou du frère qui avait été vendu; et lorsque ces malheureux qu'on croyait morts, ont reparu, et qu'il a fallu rendre le prix de leur sang qu'on avait touché, les familles ont été dans la désolation, et ne faisaient point mystère de l'infamie de leurs regrets. Il y a eu sans doute quelques exceptions, mais elles ont été des plus rares.

gémissaient du peu de surveillance de la po-
lice, qui laissait impunis tous ces propos.

Dans le commencement de février, des émis-
saires distingués de la faction conspiratrice
furent envoyés dans tous les départemens, soit
pour resserrer les fils de la conspiration, soit
pour s'entendre avec les généraux qui devaient
la servir.

Arriva l'époque fatale du premier mars. Le
tyran débarqua en France. Des monstres re-
vêtus de la confiance du souverain, se vouèrent
sans remords à l'infamie due aux traitres; ils
avaient tout préparé pour le recevoir; la perfidie avait tracé sa route; des troupes avilies
et parjures étaient placées dans les points convenables pour seconder la trahison, et sans le
plus faible obstacle l'usurpateur s'empara, pour
la seconde fois, du trône, tandis que le souverain légitime, indignement abandonné des
armées dont il avait reçu le serment et qu'il
avait comblées de bienfaits, fut forcé de quitter
la France, laissant en proie aux insultes,
aux outrages, aux dévastations et aux poi-
gnards de la secte jacobine, vingt millions de
Français fidèles, qui tendaient vainement leurs
bras à leur père, et dont le bonheur eût con-

sisté à verser pour lui jusqu'à la dernière goutte de leur sang.

Ombres illustres des Bayard, des Crillon, des Sully, des Turenne, des Dassas, et de tant d'autres milliers de guerriers, qui avez illustré la valeur par la fidélité et la vertu, frémissez d'horreur, en apprenant que vos descendans, oubliant vos exemples, ont déshonoré le sol que vous aviez couvert de gloire.

Frémissez d'horreur, en apprenant que les armées françaises ont osé prétendre que la France leur appartenait; qu'elles pouvaient en disposer à leur gré; qu'elles ont osé se servir contre leur patrie des armes qu'elle avait mises dans leurs mains pour sa défense.

Frémissez d'indignation, en apprenant que les armées françaises ont été parjures, qu'elles ont méconnu leurs sermens, qu'elles ont trahi leur roi.

Frémissez d'indignation, en apprenant qu'elles ont voulu pour souverain un étranger, le rebut de tous les peuples, un tyran féroce, qui a couvert l'Europe de cadavres français, et qu'elles ont abandonné le descendant de Saint-Louis et d'Henri IV, dont la première action en montant sur le trône, a été de donner à ses peuples une paix qu'ils ne connaissaient plus.

Frémissez d'indignation, en apprenant qu'elles ont préféré un homme couvert d'assassinats et de crimes,

A un prince religieux, dont tous les pas sont marqués au sceau de l'équité, de la justice, de la vertu;

Qu'elles n'ont pas craint de préférer un homme dont l'immoralité et les scandales publics forceront à rougir l'historien qui osera les tracer,

A un prince dont la moralité et les principes, en conquérant l'estime et l'amitié de toutes les puissances, a rendu sur-le-champ la paix aux Français et le calme à l'Europe;

Qu'elles n'ont pas rougi enfin de préférer un homme dont le retour, préparé par l'enfer et ses suppôts, a produit sur-le-champ l'anarchie, les désordres, les crimes de 1793, traînant à leur suite la guerre civile et la guerre étrangère;

A un prince dont l'apparition si long-temps désirée, a été pour tous les Français dignes de ce nom, ce qu'est le calme après un long orage; ce qu'est la rosée bienfaisante du printemps, pour la nature flétrie et désolée par les aquilons et les glaces d'un cruel hiver (1).

Heureusement pour la France que, dans ce malheur sans exemple dans les annales du monde, l'honneur qui a fait constamment l'apanage de ses armées, a trouvé à se reposer dignement sur des généraux, des officiers, des soldats respectables, qui, pleins de respect pour leurs devoirs et fidèles à leurs sermens, ont abandonné avec horreur le champ de la trahison pour voler à leur souverain légitime, et

(1) Marguerite de Valois faisait la guerre à Henri III, son frère, et au roi de Navarre, son mari. Elle avait campé sa petite armée devant Villeneuve-d'Agenois. Elle ordonna à quarante soldats de conduire Charles *de Cieutat* aux pieds des murailles, et de le tuer si son fils, qui commandait dans cette place, refusait d'en ouvrir les portes.

Cieutat, après qu'on eût fait cette indigne sommation à son fils, lui cria : *songes à la fidélité et au devoir d'un Français, et que si j'étais capable de te dire de te rendre, ce ne serait plus ton père qui te parlerait ; mais un traître, un lâche, un ennemi de ton honneur et de ton roi.* Voyez Essais de Saint-Fois, tom. 4, pag. 51.

En voyant ces traits sublimes et touchans de la fidélité au roi et à l'honneur des guerriers d'autrefois, peut-on croire que ce sont leurs descendans qui nous forcent à rougir aujourd'hui ? Hélas ! il ne leur est resté de leurs pères, que la valeur dégradée et avilie par l'amour de l'argent !

donner à leur roi de nouveaux témoignages de leur zèle, de leur dévouement, de leur amour.

Recevez, braves guerriers, les couronnes de la loyauté, de la fidélité, de l'honneur, que vous tresse la reconnaissance de la patrie ; à la noblesse de votre conduite, elle a reconnu ses vrais enfans, et votre vertu l'a consolée du crime des monstres qu'elle rejette à jamais de son sein (1).

(1) Ce fut à Lons-le-Saunier, dans le Jura, que le maréchal Ney consomma sa trahison, en proclamant Bonaparte empereur, devant quatre mille hommes qui se croyaient réunis pour crier *vive le roi !*

Parmi les militaires présens, se trouvaient M. le général de Bourmont; M. Dubalin, colonel à le tête de son régiment; M. le comte de Grivel, commandant général des gardes nationales du département, et digne en tout de son respectable père, ancien maréchal de camp.

A cette trahison inattendue, le général de Bourmont fut atterré comme d'un coup de foudre, et tous ses traits décomposés annoncèrent à l'œil observateur que Louis-le-Désiré régnait dans son cœur, et qu'il n'en servirait jamais d'autres.

M. Dubalin dit hautement qu'il n'avait point l'habitude de se jouer de ses sermens ; il donna sa démission, et annonça qu'il reporterait lui-même au roi les drapeaux qu'il avait reçus de lui.

M. le comte de Grivel se trouvait avec les autres

Il entrait dans les vues des conspirateurs de faire envisager le retour de l'usurpateur comme l'effet de la volonté générale. Mais malgré leurs efforts pour en imposer à cet égard à l'Europe, le contraire fut complétement établi, et tout ce qui se passa dans la France, comme toutes les circonstances qui accompagnèrent son voyage, ne présentèrent que le retour d'un séditieux appelé par la bande de ses complices.

officiers, près du maréchal Ney, avant la lecture du plat discours que ce traître avait préparé.

Le maréchal Ney, qui avait eu occasion de connaître l'énergie de M. de Grivel, crut devoir, par prudence, le faire éloigner de lui. M. de Grivel étonné de cet ordre, obéit. Peu après, instruit par des cris réitérés, de la proclamation de Bonaparte et de l'infamie du traître, enflammé d'une sainte colère, il brisa la lame de son épée et traversa les rangs en criant *vive le roi!*

Cet acte de loyauté pénétra de respect tous les militaires. Des soldats ramassèrent religieusement les morceaux de son arme, en disant : *c'était l'épée d'un brave homme; ce n'est pas celle de Judas-Ney.*

Si M. le comte de Grivel se fût trouvé près du traître, probablement il en eût purgé la France, et cette affreuse conspiration se serait peut-être terminée là.

L'assemblée électorale du Jura, avant de terminer ses séances, pénétrée de l'estime qu'inspire cette action, a délibéré de faire cadeau à M. le comte de Grivel, d'une épée qui rappellerait ce trait de dévouement.

Bonaparte parut, comme ces nuées mena—
çantes qui portent dans leur sein les fléaux
destructeurs, et qui, par des avant-coureurs
alarmans, contristent la nature, et forcent tous
les êtres à chercher leur sûreté dans le premier
asile.

A la première nouvelle du débarquement du
tyran, tous les Français fidèles, tous les propriétaires attachés à l'ordre, tous ceux qui ché-
rissaient la patrie et les lois, consternés et
tremblans, restèrent fermés dans leur domi-
cile, et ne s'en échappaient que pour aller
dans les temples, implorer les miséricordes de
l'Eternel.

La crasse de la société, toute la vile po-
pulace des pays qu'il parcourait, formait seule
son cortége désastreux; des vociférations de
cannibales étaient les chants de la horde sé-
ditieuse chargée de provoquer le désordre; des
dévastations et des pillages marquaient sa route,
et annonçaient dans toutes les villes de la
France le retour du coryphée des brigands; ses
infames couleurs, placées par ses satellites sur
tous les édifices publics, imprimaient la terreur
de ces drapeaux sinistres qui désignent à Cons-
tantinople les quartiers infectés de la peste, et

qui avertissent les habitans de s'éloigner ; enfin, les voleurs, les scélérats et tous les bandits de la France qui accouraient à sa suite, accablaient de menaces, d'injures et d'outrages, les prêtres et les citoyens honnêtes qui malheureusement se trouvaient sur leur passage, et terminaient toujours ces infamies par le cri de *vive l'empereur !* qui, dans leurs bouches impures et sanguinaires, signifiait la même chose que les cris, *à la lanterne*, des jacobins de 1789.

L'entrée de l'usurpateur à Paris, fut digne en tout du cortége de sa route ; ce fut celle d'un assassin qui prend le moment des ténèbres pour s'introduire furtivement dans la maison où il a résolu d'exécuter ses horribles complots.

Les trois mois terribles pendant lesquels l'usurpateur a souillé de nouveau le sol français, ont prouvé par toutes les actions du gouvernement conspirateur, que c'était la faction jacobine qui règnait ; qu'elle seule avait préparé, organisé, exécuté la conspiration, et que Bonaparte, sa dupe, aussi peu instruit de la politique de ces affreux sectaires, que de l'art de préparer et d'exécuter des retraites, ne fut qu'un moyen qu'elle rejeta avec dédain, dès qu'il lui parut inutile à ses vues.

Pour s'en convaincre, il suffit de voir la conduite de la faction et les hommes qu'elle employa.

Le ministère formé avant l'arrivée même de Bonaparte, fut entièrement composé d'hommes connus pour avoir appartenu à la secte, et lui avoir prouvé un dévouement non équivoque.

Dans quatre jours, tous les préfets, tous les administrateurs, et jusqu'aux maires de village qui n'étaient point de la faction, furent changés et remplacés par des régicides, des jacobins et d'anciens prédicateurs de clubs.

Les proclamations de tous les administrateurs, comme de tous les généraux, répandues avec profusion, et couvrant les murs de toutes les villes, accusaient sans détour les nobles, les royalistes, les émigrés, les ministres de la religion, de la guerre dont on était menacé par les puissances, et soulevaient de mille manières ceux qui n'avaient rien, contre ceux qui possédaient quelque chose.

Les journaux, sur-tout ceux des départemens, répétaient de la manière la plus dégoûtante, les mêmes provocations, et assuraient que ces classes d'hommes qu'on désignait à la fureur du peuple, paieraient les frais de la guerre qu'on prétendait qu'ils avaient pro- voquée (1).

Tous les clubs organisés par-tout, se trou- vant alors appuyés de l'autorité, annonçaient publiquement que ceux qui appelaient l'étran- ger n'en échapperaient pas, et tous les mal- faiteurs qui les composent, insultaient hardi- ment et sans danger, ceux qu'ils se proposaient d'assassiner pour partager leur fortune.

Les chefs des administrations, pour la plu- part affiliés de la secte, se prononçaient hau- tement de leur côté, en faveur d'un gouver-

(1) La tactique de ces Messieurs a toujours été d'accuser les autres des crimes dont seuls ils sont cou- pables. Lorsqu'en 1793, un jacobin assassinait l'homme qui lui déplaisait, on assurait que la victime avait at- tenté à la sûreté de la république, et pour le prouver, on montrait une lettre fabriquée à loisir, qu'on pré- tendait avoir été trouvée dans sa poche; alors l'assassinat obtenait l'éloge des frères et amis, et l'assassin était sûr, à la première représentation du club, d'obtenir les honneurs de la séance.

Ces Messieurs suivent encore la même marche aujour- d'hui, et l'on voit qu'un jeune homme aux Tuileries a failli de périr, ayant été accusé de cris séditieux de la part de ceux qui en étaient coupables. Voyez la Quo- tidienne, 7 août 1815.

nement déprédateur qui leur laissait spolier, à
leur tour, la fortune publique, et répandant
de l'argent et des écrits séditieux, ils soulevaient
de toutes manières les mauvais sujets des campagnes.

Tandis que des arrêtés du gouvernement dé-
fendaient de sortir du royaume, les autorités
locales enlevaient à tous les propriétaires leurs
fusils de chasse, pour les remettre à des séditieux qui formaient, disait-on, des corps-
francs, c'est-à-dire, des bandes d'incendiaires
et d'assassins ; en sorte que, par l'effet de ces
effroyables mesures, tous les propriétaires, tous
les hommes fidèles à leur roi, se trouvèrent
sans défense au milieu des scélérats qui n'at-
tendaient que l'ordre de les égorger (1).

A toutes ces mesures désorganisatrices, également attentatoires à la propriété, à la sûreté,
à la vie des citoyens, qui peut méconnaître le
gouvernement de la faction athée-philosophi-

(1) Le massacre de tous les royalistes, projeté dans
toute la France, devait s'exécuter dans le Jura, dans
la nuit du 5 au 6 juillet ; déjà les maisons proscrites
étaient désignées ; déjà les assassins, au nombre de plusieurs cents, étaient réunis lorsque, par une providence
particulière, les Autrichiens arrivèrent dans cette même
nuit et mirent obstacle à l'exécution du complot.

que qui, en 1792 et 1793, avait couvert la France de sang et de débris? N'est-ce pas à l'œuvre qu'on reconnaît l'ouvrier? et le tigre aurait beau nous parler aussi comme ces Messieurs, de *ses idées libérales*, qu'à la vue de sa peau et des victimes qu'il aurait déchirées, il serait aisé de le reconnaître (1).

S'il pouvait rester encore à cet égard quelques doutes, voici des faits qui seraient bien de nature à les dissiper.

Le gouvernement de l'usurpateur voulant se créer des partisans et se procurer des soutiens, imagina de donner à la France une addition aux constitutions de l'empire, et de la faire signer par les moyens toujours si puissans de l'espérance et de la crainte.

Cette nouvelle constitution, qui bouleverse

____

(1) Voyez l'écrit de M. Dubois, lu au Champ-de-mai, à Bonaparte, au nom des colléges électoraux ; il est difficile de réunir plus de sottises que n'en présente ce discours, très-digne, au surplus, de celui auquel on l'adressait.

Il s'y trouve cependant une phrase très-raisonnable; c'est lorsque l'orateur, en parlant des Bourbons, dit : *ils ne pourraient plus croire à nos sermens.* Pour le bien public, je désire ardemment que M. Dubois ait raison.

toutes les idées reçues, qui rend délibérans des corps essentiellement obéissans, qui établit le despotisme des baïonnettes, c'est-à-dire , la plus effrayante des tyrannies, se termine par un article 67, qui porte :

« Le peuple français déclare que , dans la
» délégation qu'il a faite et qu'il fait de ses
» pouvoirs, il n'a pas entendu et n'entend pas
» donner le droit de proposer le rétablissement
» des Bourbons, ou d'aucun prince de cette
» famille sur le trône , même en cas d'ex-
» tinction de la dynastie impériale, etc., in-
» terdisant formellement au gouvernement, aux
» chambres et aux citoyens, toutes propositions
» à cet égard. »

Il est évident que ce dernier article, pour lequel seul a été faite cette absurde constitution, n'a pour but que de procurer le désordre, l'anarchie et la perte de la France, puisqu'il est démontré à tout homme éclairé, qu'il n'y a que les Bourbons qui puissent donner une garantie aux souverains alliés ; qu'il n'y a qu'eux qui puissent assurer à l'Europe sa tranquillité ; qu'il n'y a qu'eux, enfin, qui puissent fermer les plaies de la patrie, et la rendre au bonheur.

Mais qu'est-ce qui a procuré, depuis vingt-
cinq

cinq ans, en France, les désordres, l'anarchie, les crimes de tous genres? Ce sont les impies philosophes, ce sont les féroces jacobins; dès-lors, il est évident que c'est à cette secte qu'est due cette ridicule constitution.

N'est-ce pas ici le cas de rappeler cet axiome connu? C'est celui qui a intérêt à la chose, qui est présumé l'avoir faite : *Is fecit cui prodest.* Or, qu'est-ce qui avait intérêt à calomnier les Bourbons, à les éloigner, à les proscrire? Sans doute la secte impie des philosophes; sans doute les féroces conventionnels; sans doute ceux qui les avaient outragés de mille manières; sans doute ceux qui en avaient été les assassins.

Il y a plus; qu'est-ce qui a cherché à exécuter cette proscription? Qu'est-ce qui est allé au champ-de-mai reconnaître le tyran, sous le nom duquel on la proposait? Qu'est-ce qui est allé jurer de l'observer, dans cette chambre de prétendus députés, dans cette chambre de prétendus pairs?

Ce sont, en général, des hommes qui ont appartenu à la féroce convention, à la secte impie des philosophes, ou qui se sont fait un

F

nom par leur conduite révolutionnaire (1).

Oui, la conspiration de 1815 est la suite incontestable des principes de la secte impie et désorganisatrice qui a opéré la révolution de 1789, et ce serait tomber volontairement dans une erreur également grossière et dangereuse pour la sûreté de la France et de l'Europe, que d'assurer, comme l'ont fait quelques journaux,

« Que la renommée de Bonaparte était
» l'unique et fragile lien de la faction,..... et
» que si ce chef était enfin mis dans une si-
» tuation à ne plus jamais remuer, sa faction
» se disperserait d'elle—même, et trouverait
» dans le mépris qu'inspirerait sa nullité, un

______

(1) Les assemblées électorales étaient par-tout on ne peut pas moins nombreuses; beaucoup de gens honnêtes avaient cru devoir s'en éloigner. Ceux qui s'y trouvaient entraînés par la crainte des persécutions et des menaces, s'efforçaient d'y faire des choix propres à favoriser les intérêts du roi.

La vérité oblige également de dire que des hommes d'un grand mérite, jouissant de la considération et de l'estime générale, nommés députés sans l'avoir sollicité, se sont cru obligés, par les mêmes raisons, d'accepter leur nomination. Aussi on a vu qu'ils n'ont ni appuyé, ni défendu les motions ridicules ou incendiaires, dont sans doute ils n'ont pu que gémir.

» moyen d'obtenir l'adoucissement des peines
» qu'elle a méritées (1). »

Un mot suffit pour démontrer l'erreur de cette assertion.

Les séditieux qui ont concouru à la révolution de 1789, n'étaient sûrement pas alors unis entr'eux par la renommée de Bonaparte, qu'on ne connaissait pas; et cependant ces mêmes hommes, qui devaient se croire trop heureux d'être voués à l'oubli, ont reparu, au grand étonnement de la France, sur les tréteaux des séditieux, du moment qu'ils ont cru apercevoir l'instant favorable à mettre de nouveau en pratique leurs affreux principes.

Les mêmes intrigues qui les avaient mis, en 1789 et 1793, dans le cas de vociférer contre le vertueux Louis XVI et son auguste famille, les ont portés, en 1815, au champ de mai, pour y vociférer de nouveau contre Louis-le-Désiré et les princes de sa maison; et si la justice reste encore muette, que ces hommes existent dans dix ans, et qu'il s'y trouve une nouvelle conspiration à faire, on peut être sûr qu'on y verra figurer de nouveau, comme au-

(1) Quotidienne, 13 juillet 1815.

jourd'hui, MM. Carnot (1), Drouot, Rœderer , Sieyes, Lepelletier (2), Duport, Lafayette, etc., et tous ces apôtres de la sainte liberté y rappelleront, comme titres de gloire, toutes les motions incendiaires qu'ils auront fait applaudir

(1) Peut-on croire que M. Carnot ait osé, le 6 juin, proposer à la chambre des députés, de décréter *que l'armée avait bien mérité de la patrie ?* Grand Dieu ! et c'est un militaire qui faisait cette motion !...... et c'est un militaire qui demandait des témoignages de reconnaissance pour un crime qui aurait déshonoré la France, si toute la France n'en avait pas gémi, si toute la France n'en avait pas été accablée de désespoir et de honte !

(2) A la séance du 8 juin, M. Félix Lepelletier fait, de son côté, une motion où il prétend que *le 1ᵉʳ mars a été* LE SALUT DE LA PATRIE...... Il ajoute, *qu'avant le départ de l'empereur qui va se mettre à la tête de* SES INVINCIBLES LÉGIONS, *on lui doit, au nom de la nation, un témoignage éclatant des sentiments que lui inspirent* LES SERVICES QU'IL LUI A RENDUS.. ... *et qu'il est juste de lui donner le titre si doux et si glorieux, de* SAUVEUR DE LA PATRIE..... Il paraît qu'avant de faire ses prophéties, M. Lepelletier n'avait pas consulté les généraux Wellington et Blucher.

On ne pourrait qu'affaiblir par des réflexions , l'odieux de ces extravagances : si on les rapporte, c'est pour -prouver davantage l'espèce d'hommes que la secte avait fait choisir, et convaincre que ce n'est pas avec le raisonnement qu'on peut guérir un semblable délire.

des frères et amis (1), et M. de Lafayette y
obtiendra de nouveau la couronne civique,
pour avoir eu le premier l'audace de prêcher,
en 1789, que *l'insurrection était le plus saint
des devoirs* (2).

Cette conduite cependant cessera d'étonner,
si on réfléchit qu'elle est la suite ordinaire de

(1) C'est vraiment dommage que Charlotte Corday ait
purgé la terre de l'illustre Marat. Quelques jours avant
sa mort, ce grand apôtre des sans-culottes, qui n'était
tourmenté que du bonheur public, ne demandait plus
pour l'opérer, que quarante mille têtes (bien entendu
que la sienne n'en ferait pas partie). Si ce brave homme
eût vécu en 1815, il eût été bien réjoui de voir les jacobins de ce siècle, à la hauteur de ses principes, orga-
niser dans toute la France des massacres qui devaient
comprendre les émigrés, les prêtres, tous les propriétaires
royalistes, ce qui serait allé à plusieurs millions, et ce
qui, *bien sûrement*, aurait été exécuté, sans la promptitude des secours des souverains de l'Europe.

(2) En 1790, lors de la fameuse fédération, M. de la
Fayette régnait, on peut le dire, dans Paris ; il est vrai
qu'il avait, à cette époque, un cheval blanc qui faisait
un grand effet, et qui, suivant les connaisseurs du temps,
fondait au moins la moitié de sa réputation. Comme on
a peu entendu parler de lui, aux dernières assemblées du
brillant champ de mai, on doit croire qu'il a perdu le
talisman qui excitait, en 1790, l'enthousiasme des sans-
culottes, vainqueurs de la Bastille.

l'obstination des sectes dans la poursuite des faux principes qu'elles ont une fois adoptés.

Les égaremens du cœur se corrigent, parce que la réflexion, l'expérience, la maturité de l'âge, en éclairant sur leurs inconséquences et leurs dangers, finissent par ramener à la raison et à la vérité.

Il n'en est pas de même des travers de l'esprit ils ne se corrigent jamais, parce que l'entêtement s'en mêle et que ce vice ne fait que se fortifier avec l'âge, sur-tout lorsqu'il a pour base l'orgueil, l'avarice et l'esprit de domination (1).

Le bouleversement de mars 1815 en est la preuve ; car, comme on l'a établi, il a été l'effet incontestable de la secte impie philosophique qui, depuis quatre-vingts ans, travaille sans relâche à briser, dans la France et dans l'Europe, toutes les étaies de l'ordre social, pour régner sur les ruines des empires.

Arrêtée dans ses projets par un nouveau pro-dige de la Providence, cette secte, nouveau Protée, n'est plus aujourd'hui qu'un agneau

(1) C'est ce qui a rendu si terribles les guerres qui ont eu pour prétexte la religion, parce que c'étaient des sectaires qui les dirigeaient, et que l'entêtement se trouvait mêlé aux erreurs de l'esprit.

que l'on croit voir à la place du tigre (1).

Mais qu'on ne s'y trompe pas encore : comme dit Sénèque, *Lupus pilum mutat, non mentem;* le méchant ne change jamais son mauvais naturel.

Ce qui est comprimé n'est pas détruit ; la secte n'a fait qu'ajourner ses projets. Les matières combustibles sont toujours préparées et entassées;

(1) Si la secte impie, pour l'exécution de la conspiration qu'elle avait ourdie, avait attendu la dissolution du congrès de Vienne et le retour des troupes chez les différentes puissances auxquelles elles appartiennent, il est indubitable que la France, dans peu de mois, n'eût plus offert qu'un cahos de ruines trempées du sang de ses habitans, et il est incertain si alors les forces disséminées de l'Europe, auraient pu la garantir de l'incendie.

Dans tout le royaume, les chefs des administrations, qui, en général, ont excité le peuple au soulèvement, et au massacre des prêtres et des royalistes, ont cru devoir fuir à l'approche des alliés, craignant que ceux dont ils avaient provoqué la dévastation et la mort , n'usassent de représailles. Eh! pourquoi fuyez-vous, hommes insensés et sanguinaires ?.... Ignorez-vous que les sujets fidèles d'un roi qui ne veut régner que par les lois, n'attendent eux-mêmes justice que de la loi? Avez-vous de plus oublié ce mot si vrai de Mirabeau l'aîné, votre collègue dans la route de la sédition, lorsque, pour rassurer ses complices, il leur disait :

Vous n'avons rien à craindre ; nous n'avons contre nous que les gens de bien?

des milliers de mains dévouées et soldées, n'attendent toujours que l'instant propice pour y mettre le feu, bien certains qu'ils sont d'être en tout temps puissamment secondés par cette crasse de la société qui ne désire que le désordre, et qui sera toujours, chez tous les peuples, zélée prosélite de la religion de Dalembert, qui prêche le massacre des propriétaires et le partage de leur fortune.

Si tous les gouvernemens ne peuvent exister sans cette force publique, nécessaire pour faire exécuter les lois, et forcer à l'obéissance ceux qui les bravent;

Si cette force publique doit sur-tout s'augmenter chez un peuple ardent et belliqueux qui sort de la fournaise d'une révolution qui, en lui enlevant tous principes de religion et de morale, ne lui a laissé que l'amour de l'argent pour se livrer sans mesure comme sans remords à toute la fureur des jouissances :

Où trouvera-t-on cette force publique si nécessaire, cette force publique qui se compose plus ou moins de l'ascendant que donnent toutes les places, et de l'harmonie qui en résulte pour l'uniformité du mouvement convenable aux rouages politiques; si on laisse ces places dans

les mains de ceux qui se sont montrés les ennemis déclarés de l'ordre ; qui se sont servi de
l'ascendant et des ressources que donnaient ces
places, pour solder, protéger, encourager la
sédition ; qui ont enfin tout fait pour seconder
la trahison qui repoussait le souverain légitime (1) ?

Oui, il est évident qu'il n'y aurait alors que
tiraillement, engourdissement ou inaction dans
toutes les parties de l'administration et de la
force publique ; que les moyens de la secte impie
et constamment observatrice, ne feraient que
s'en accroître, et que, dans des circonstances
qu'elle croirait favorables, l'Etna de l'impiété

(1) Ce serait une grande erreur de penser que cette
mesure pourrait troubler l'état.

C'est le défaut de justice, c'est son inaction qui le trouble,
c'est l'impunité qui le bouleverse, en provoquant à de
nouveaux délits, et effrayant par-là tous les gens de bien.

Lorsque la sûreté publique demande qu'on enlève l'arme à celui qui en a abusé, la lui laisser malgré l'intérêt
social compromis, ne serait-ce pas vouloir répondre du
nouvel abus qu'il ne manquerait pas d'en faire dans l'occasion ?

Si, dans les cours d'assises, on se bornait à faire à
l'assassin un discours sur l'humanité, et au voleur un autre
sur le droit de propriété, peut-on croire que le nombre
des assassinats et des vols diminuerait ?

effraierait encore le monde par de nouvelles ex-
plosions que toutes les forces de l'Europe ne
seraient probablement plus à portée de réprimer (1).

(1) Où trouverait-on, disent les sectaires , des hommes
capables de nous remplacer ?

C'est une cruelle injure qu'on fait à la France , que de
prétendre qu'il n'y a de capacité que dans les séditieux.

Plus un homme pervers a de moyens , plus il est dangereux de l'employer , puisque sa perversité se mêle et
se fait sentir dans toutes ses opérations.

Du sein des malheurs de la denière révolution il est
cependant résulté une chose très-heureuse pour le gouvernement ; c'est que tous les hommes attachés à l'ordre,
à leur souverain, à leur patrie, sont connus ; qu'au mépris
des dangers les plus imminents , ils se sont tous prononcés
avec autant d'énergie que les séditieux en ont apporté
pour la révolte ; aussi , dans les massacres que la secte
sanguinaire avait organisés dans toute la France, elle ne
se serait sûrement pas trompée dans le choix d'une seule
de ses victimes.

La première qualité pour tous les états , est *la probité
et l'honneur ;* dans peu, le zéle, le dévouement, la bonne
volonté font le reste.

Si l'homme de bien change d'état , sa probité et sa
vertu l'accompagnent, et, comme dit un ancien , *il res-
semble à ces fleuves qui , trouvant de nouvelles pentes
et se creusant de nouveaux lits , vont arroser d'autres
campagnes sans rien perdre de l'abondanee , de la pureté et de la salubrité de leurs eaux.*

Les moyens de la faction athée-philosophique sont si puissants, ses affiliés si nombreux dans toute l'Europe, ses correspondances si sûres, ses intelligences si étendues, ses ressources d'exécution si promptes, que malgré l'appareil effrayant de l'Europe armée qui s'avançait contre elle, le succès de la défense ne lui parut point douteux.

Comptant sur la puissante diversion en Italie de l'armée de Murat; regardant son alliance avec l'Autriche, ou du moins la neutralité de cette puissance comme la suite nécessaire de l'enlèvement de Marie-Louise, qu'elle croyait assuré; employant avec art et perfidie toutes les ressources de la calomnie et de l'appas du désordre pour soulever les peuples et enivrer le soldat, elle crut que la masse des hommes qu'elle se disposait à sacrifier, remplacerait la discipline et la tactique, et que quelques victoires achetées à tout prix, conduiraient à la paix, qui lui rendrait le sceptre du jacobinisme de 1793.

Le ciel, dans ses miséricordes, en a disposé autrement; son ange exterminateur a conduit les légions que sa sagesse avait réunies : vingt-quatre heures ont suffi pour dissiper et anéantir les armées formidables qui faisaient la confiance des séditieux ; et Louis-le-Désiré , rapportant pour la seconde fois à ses peuples la paix et le bonheur, a prouvé aux impies philosophes qu'il n'y a de solide et de durable que la justice et la vertu (1).

J. Fenouillot,

En 1789 Avocat du roi au bureau des finances de Besançon, et Inspecteur pour le roi de la Librairie de Franche-Comté ; à ce moment, Conseiller à la cour royale de Besançon.

(1) Je sais que beaucoup de gens blâmeront cet écrit ; cela doit être. Mais il aura l'assentiment des Français fidèles, de tous les hommes de bien ; l'opinion des autres ne m'intéresse pas.

Cet écrit ne renferme que des faits dont la France entière peut rendre témoignage. Je remplis dès-lors mes devoirs comme magistrat plein de zèle pour le maintien des lois, comme citoyen dévoué à tout ce qui intéresse le bonheur et la conservation de son pays, enfin comme sujet en tous lieux et dans tous les temps constamment fidèle à son roi.

Au mois de mars 1791 , électeur de la ville de Besançon, je fus convoqué en cette qualité , pour nommer un évêque à la place de M. de Durfort, archevêque, qui avait refusé le serment.

Au mépris des dangers alors très-imminents , je m'opposai avec courage à une mesure qui blessait évidemment tous les principes religieux, et dans un écrit intitulé, *Adresse d'un Électeur du département du Doubs, à ses Commettans*, que je signai, et qui fut réimprimé dans une grande partie des diocèses du royaume, je prouvai que MM. les électeurs n'avaient et ne pouvaient avoir reçu aucuns pouvoirs pour se livrer à des fonctions de ce genre.

L'administration du département du Doubs dénonça cet acte de zèle comme de devoir, soit au comité des recherches, soit à l'accusateur public, qui lança contre moi un décret, et je fus poursuivi criminellement pour avoir osé soutenir les droits sacrés de la religion de mes pères.

J'ignore si, pour défendre en ce moment les droits du trône et ceux de la civilisation, MM. les anarchistes de 1815, entés sur ceux de 1791, m'honoreront d'un second procès criminel.

De l'Imprimerie de Vᵉ. Coucré, Grand'-rue, Nᵒ 189.

www.ingramcontent.com/pod-product-compliance
Lightning Source LLC
Chambersburg PA
CBHW061748050726

47598CB00002B/642